善財童子の旅

大角 修
Osamu OKADO

現代語訳
華厳経「入法界品」

春秋社

【はじめに】海の華厳

『華厳経《けごんぎょう》』は六十巻もしくは八十巻の長大な経典で、その最後が「入法界品《にゅうほっかいぼん》」である。その内容は善財童子《ぜんざいどうじ》という若者が菩薩の行法を問うために五十三人の善知識《ぜんちしき》（師友）を訪ねて旅をする物語である。この師友の数にちなんで東海道五十三次の宿場がつくられたといわれている。

しかし、善財童子の旅の壮大さは日本の東海道とはくらべものにならない。それは霊的な宇宙の旅である。そして、その広大な宇宙が一人一人の人間のなかにも宿っている。

一即多《いちそくた》・多即一《たそくいち》（一は多であり多は一である）を説く『華厳経』は大乗仏教のひとつのピークを示す経典で、仏と衆生は遠く異なるけれども、同時に不二の等しいものだという。

その法界（法則・真実の世界）において、人は仏や菩薩の世界と融合する。ただ、その神秘は通常の観念や思考で近づくことは難しい。善財童子の旅で次々にあらわれる神話的な記述は、普通の感覚ではついていけないし、理論的な教義で理解することも難しい。

しかし、法会《ほうえ》においては、普通の人でも、その神秘に近づくことができるであろう。たとえば寺院の大きな法会でよく行われる散華《さんげ》の儀《ぎ》では、僧たちが読経《どきょう》し、鉦《かね》が打ち鳴らされたりするなかで、造花の蓮の花びらが参詣の人びとの上に散らされる。そのとき人の心には、天界の花々が仏を讃えて降り散る景色が映じるのではないだろうか。その花びらをもらって帰り、重い病気の家族のお守りにする人もいるという。

法会において花や香や読経によって供養するとき、仏や菩薩の力があたりに満ちる。そのことを『華厳経』では法界荘厳とか仏の智慧の海に入るといった表現で繰り返し説かれている。

仏の智慧は、知能が高いとか知識が豊富だといったことではない。智慧は目覚めであり、煩悩《ぼんのう》にとらわれた無明《むみょう》の闇に光がさすことである。

その意味で、「入法界品」とは智慧の光の海に入るということになる。そして、法界は金・銀・瑪瑙《めのう》などの七宝の輝きで荘厳された華厳の海であり、経文には三世十方の諸仏の名や、その仏の国の瑠璃《るり》の大地、黄金の楼閣・宝池などのようすが延々と記されている。

法会の読経では、この反復される言葉が法界荘厳のおごそかさを伝えてくれるのだが、本の文章として読むときは、あまりの繰り返しの多さや理解しにくい言葉の連続に辟易《へきえき》してしまい、かなりの忍耐がなければ読み進むことができない。

そこで本書は、やはり語句の反復表現が重要な手法である詩にならって、一種の散文詩のようなスタイルを企図して「入法界品」を抄訳した。

詩はまた、論理的には表現できないことを感性に訴えて、読む人の心に届ける文学である。それゆえ経典でも、重要なことは偈《げ》（もとは古代インドの詩歌ガーター）で語られる。この善財童子の旅の物語をとおして諸仏の神秘を感じていただければ幸いである。

善財童子の旅

目次

北路歴程　釈迦如来の故地　【第30〜45のミトラ】　139

【凡例】本書の記述と構成

＊本書は、國民文庫刊行會編・発行『國譯大方廣佛華嚴經』（『國譯大藏經　經部第七巻』１９１７年刊／国立国会図書館近代デジタルライブラリー）を基本に『華厳経』「入法界品」を現代語に抄訳したものである。元の漢訳華厳経は仏駄跋陀羅（ブッダバドラ）訳の六十巻である。
＊サンスクリット原典によるカタカナ表記と訳語は梶山雄一監修『さとりへの遍歴　華厳経入法界品』（上・下／中央公論社　１９９４年刊）によった。
＊漢訳華厳経とサンスクリット原典による『さとりへの遍歴』には内容に異動がある。本書は、右の両書により適宜、選択して表記した。その他の参考文献は巻末に記す。
＊語注は別記せず、文中に補足した。
＊経文に区切りを設けて章を分け、見出しを付した。また、文中にも小見出しを付した。
＊五十三の善知識の章ごとに内容をまとめる言葉を補足した。

【序の一】重閣講堂の法会

祇園精舎にて

コーサラの王都シュラーヴァスティー（舎衛城《しゃえじょう》）の近郊にジェータ林《りん》とよばれる僧園があった。世に名高い祇園精舎《ぎおんしょうじゃ》である。

わたくしは、このように聞いている。あるとき釈迦牟尼世尊《しゃかむにせそん》は祇園精舎の大荘厳重閣講堂《だいしょうごんじゅうかくこうどう》にあり、ひとつの集会《しゅうえ》に臨まれたのだ、と。

ときに世尊のみもとには普賢《ふげん》菩薩と文殊《もんじゅ》菩薩を上首として五千の菩薩がいた。また、五百人の出家修道の尊者《そんじゃ》と天界の神々の王もいて、このように願い、念じた。

「如来の威神力をもって菩薩道を輝かせ、衆生界《しゅじょうかい》を教化する一切智者《いっさいちしゃ》の神変をあらわして説法と教《きょう》誡《かい》の神変《じんぺん》を示されよ。すべて生きとし生けるもののために」

この願いをうけて世尊はサマーディ（三昧《さんまい》）、すなわち思念の集中に入った。獅子奮迅三昧《ししふんじんざんまい》という。それは如来の大悲《だいひ》の門をひらき、一切衆生《いっさいしゅじょう》をして清浄《しょうじょう》の法を求めさせるものであった。

そのとき、仏の神力のゆえに重閣講堂は瞬時に拡大し、果てしなく広大なものになって不壊金剛《ふえこんごう》の大地にそびえ、金・銀や種々の宝玉、すなわち七宝《しっぽう》をもって荘厳《しょうごん》せられた。また、祇園精舎も瞬時に拡大して無数の諸仏の国々と等しくなり、地には輝かしく幢《はた》の列が立てられ、天穹《てんきゅう》は神々の宮殿のように神々《こうごう》しい雲につつまれた。

如来の威神力の示現《じげん》は不可思議である。なぜなら人は、如来の過去の善根《ぜんごん》（仏になるために積まれた過去世の功徳《くどく》）を知ることはできないのだから。

その不可思議が示現されるとき、一切諸仏の身が一人の如来の身に入り、一粒の微細な塵《ちり》のなかにも一切諸仏の法界《ほっかい》（仏の世界）がある。

如来の不可思議ゆえに、仏は身体の無数の毛孔《もうく》から光明を放ち、その光のひとすじひとすじに一切諸仏の国土を照らし、微塵の数に等しい諸仏の世界が光のなかに現出する。そこで祇園精舎の世尊とともに一切諸仏があり、それら如来の衆生海《しゅじょうかい》（あらゆる生き物が暮らすところ）には菩薩が充満しているのだった。

十方の菩薩の来詣

ときに、この娑婆《しゃば》国土（釈迦如来の世界）の東方、微塵数《みじんじゅ》の諸仏の世界海《せかいかい》を過ぎたところに明《みょう》浄妙徳王《じょうみょうとくおう》如来という仏の国があった。この仏の弟子たちのなかに明浄願光明《みょうじょうがんこうみょう》という名の菩薩があり、無数の菩薩とともに娑婆世界に飛来した。天上の花々の雲や香雲など種々の宝雲をわきおこして虚空《こくう》を荘厳し、祇園精舎の釈迦牟尼世尊のみもとに来詣《らいけい》したのである。

南方の普照妙徳王《ふしょうみょうとくおう》如来の国からは不可壊精進勢王《ふかえしょうじんせいおう》という菩薩が無数の菩薩とともに来詣した。さらに、西方・北方など十方の仏の国から不可説数《ふかせつしゅ》（言葉ではあらわせない多数）の菩薩が来詣し、世尊に礼拝・供養し、衣服を清らかにして周囲に着座したのであった。

それら十方の菩薩とその眷族《けんぞく》（従う者たち）は皆ことごとく普賢《ふげん》菩薩のように万物救済の願いと行《ぎょう》を修《しゅ》して菩薩の仏道をゆく求法者《ぐほうしゃ》たちであった。それゆえ、一瞬の思念のうちに　切如来に往詣《おうけい》して人びとのなかに清浄身《しょうじょうしん》をあらわすのである。

ところが、祇園精舎の法会に列していながら、この菩薩らの姿が見えない人びともいた。出家修道の僧たちである。

菩薩を見ない人びと

仏道に三つの道がある。ひとつは声聞《しょうもん》、世尊の言葉をうけて修行する出家の修行者たちである。もうひとつは縁覚《えんがく》、世尊の教えである縁起《えんぎ》の法（すべては因《いん》と縁によって生起した果《か》であるという因果応報の法則）にのっとって覚《かく》（さとり）をめざしていく。このふたつの仏道では、さとりの扉は出家専修の修行者のみに開かれているという。

それにたいして、出家専修では少数の人しか救われない。世の人びとを救うにはあまりに小さな乗り物だと批判して声聞・縁覚を「小乗《しょうじょう》」とよび、第三の菩薩の道を人びととともに歩むべきだという求法者たちがいた。菩薩の道は広く大きい。それを「大乗《だいじょう》」といった。

十方の仏土《ぶつど》（仏の国）から祇園精舎に来詣した菩薩とその眷族《けんぞく》たちも菩薩の道の求法者であり、如来の威神力をうけて重閣講堂の法会に清浄身をあらわしたのだが、世尊の直弟子たちの長老である舎利弗《しゃりほつ》や摩訶迦葉《まかかしょう》らでさえ、それを見なかったのだった。かれらは聖なる道の尊者であり、世にすぐれた賢者であったが、菩薩たちとは善根《ぜんごん》（過去世の善行）が同じではなかったからである。

かれらは仏土を浄《きよ》める行を修習《しゅじゅう》せず、輪廻《りんね》の生死《しょうじ》に迷う人びとを導いて彼《か》の阿耨多羅三藐三菩《あのくたらさんみゃくさんぼ》提《だい》（全てを救う至高のさとり）を求める心をおこさせることもしなかった。人びとがもつ如来の種を護り育てようとすることもなく、衆生済度《しゅじょうさいど》の菩薩の大願をおこすことがなかった。

それゆえ、かれらは如来の神変を見ず、聞かず、知らず、わからず、感じずにいて、それを思うことさえなく、一切智者《いっさいちしゃ》たる如来の智慧の浄化をうけることもなかったのである。

普賢菩薩の宣言

そのとき、普賢菩薩は世尊の神変の意義を重ねて明らかにしたいと思い、如来の獅子奮迅三昧について語った。

如来の三昧は虚空《こくう》の法界と等しく、衆生界《しゅじょうかい》（人びとの世界）と等しく、
過去・現在・未来の三世《さんぜ》は一切の劫《こう》（永遠の時）と等しく、
衆生の希望《けもう》と衆生の欲は如来の光明に等しく、
一念（人びとの一瞬の思い）の三世諸仏は虚空に充満せり。
如来の一身は世界海に満ちて微塵数《みじんじゅ》の仏刹《ぶっせつ》（あらゆる仏の国）を照持し、
尽未来劫《じんみらいごう》（永遠の時の果てまで）の一切の菩薩を開発《かいほつ》し化導《けどう》したまう。

また文殊菩薩が祇園精舎の神威《じんい》荘厳《しょうごん》を讃歎《さんだん》して偈《げ》をもって頌《じゅ》を陳《の》べた。「菩薩は普《あまね》く三世の功徳《くどく》海《かい》を成就し、虚空に充満して荘厳雲《しょうごんうん》を生み出せり」と。

菩薩たちは皆、大悲の法門に入って、大悲の門から十方におもむく。あるいは天界に行って神々を導き、あるいは水界におもむいて龍たちに法を説いた。また、空中の精霊どもや地下の鬼神たちのところへ行った。地獄・餓鬼・畜生・阿修羅《あしゅら》・人間・天の六道のどこにでも行ったのだが、かれらは祇園の林の世尊のもとから離れることは、けっしてなかった。

菩薩たちは大悲の門から十方におもむき、出家の僧の姿や神々の姿をとることもあった。また、医師・商人・職人の姿、都城の王や役人などの姿をとって人びとを導いたのだが、かれらは祇園の林の世尊のもとから離れることは、けっしてなかった。

【序の二】文殊菩薩の巡教

出立

ときに文殊菩薩は多くの菩薩をつれて自分の住居を出立した。その一行を金剛力士《こんごうりきし》が護衛し、地の霊・水の霊・火の霊・風の霊らも、夜の神も昼の神も、空中の精霊たちも水中の龍王たち蛇神たちも鬼神・阿修羅《あしゅら》の王たちも、婆羅門《ばらもん》の至高神ブラフマー（梵天《ぼんてん》）たちも従い、巡教の旅を開始したのである。

文殊菩薩の一行は南方に向かって各地を旅し、ダニヤーカラ（福城）という都城の東にある精舎《しょうじゃ》についた。清らかなサーラ樹が多くしげることから荘厳幢沙羅林《しょうごんどうさらりん》とよばれる僧園である。

ここは諸仏が仏になる前に苦行を修した場所であった。

文殊菩薩は、この精舎の大塔に入り、神々と人びとと精霊・鬼神たちが礼拝するなかで「普照《ふしょう》一切法界《いっさいほっかい》」という経を説いた。その言葉は万物を照らして百万億の経となって響き、大海の無量千億の龍王たちにも聞こえたのであった。

善財童子

都城ダニヤーカラの人びとも文殊菩薩が大塔で説法していると知り、おとなも子どもも、男も女もサーラ林に集まった。そのとき、文殊菩薩は群衆のなかに一人の身なりのよいクマーラ（高貴な少年）を見た。その少年はスダナ・シュレーシュティ・ダーラカ、すなわち大商主の子スダナというのだが、そのスダナの名には不思議ないわれがあった。

少年が生まれたのは七宝《しっぽう》（金・銀や瑠璃《るり》・瑪瑙《めのう》などの宝石）の蔵が七つもある富裕な家であったが、彼が母の胎にやどったとき、その蔵の周囲から七宝の芽が出た。それから十月《とつき》たって出生するときには七つの宝蔵は大きな楼閣となってそびえ、まわりは豪華な七宝の宝飾でおおわれたのである。また、家の中に五百の宝器が現れ、味と香りと彩りのよい食物や清らかな飲み物で満たされた。

この瑞祥《ずいしょう》を見た婆羅門の占い師は、子をスダナ（善き財宝）と讃えた。ゆえにスダナ・クマーラ、すなわち善財童子と称されることになったのだった。

スダナ・クマーラの生誕のときにおこった数々の奇瑞は、彼が過去世において諸仏を供養して深く善根《ぜんごん》を植え、心身を清くたもって菩薩道を修したゆえであった。

文殊菩薩は象の王者のように身体をスダナに向けて、この少年を観察し、とくにスダナのために諸仏の法を区分して説くとともに一切如来の法の平等を説いたのであった。

こうして文殊菩薩はダニヤーカラ城の教化を終えた。そして、さらに南方に向かって出立するとき、スダナ・クマーラ＝善財童子は文殊菩薩の巡教に従って菩提（さとり）に至りたいと望み、偈をもって陳《の》べた。

文殊法王は大悲の力を具足《ぐそく》し智慧をもって衆生を益《やく》す。
我を妙法・最勝の仏道に安ぜしめたまえ。

文殊菩薩はスダナが無上菩提を求める心をおこし、カルヤーナ・ミトラ（良き友）、すなわち師友となる善知識《ぜんちしき》を求めて菩薩道を行じたいと願っていることを知って、「その発心《ほっしん》が第一の蔵であり、一切の智慧がそこにある」と告げ、「功徳の蔵をもつ少年は普賢の慈悲行をきわめるであろう」と祝福した。

そして、このように示唆した。

「福徳の子よ。そなたを導く者がいる。南方のラーマーヴァラーンタ（可楽《からく》）という国に行きなさい。その国のスグリーヴァ（妙峰・和合）山に住んでいるメーガシュリー（功徳雲《くどくうん》）という名の比丘に〈どのように菩薩道を行けばよいのか〉を尋ねよ」

そう教えられた善財童子は歓喜し、文殊菩薩に礼拝して、そこを去った。

ちなみに、商主は隊商の長のこと。大商主は過去に功徳を積んで多くの財宝を蓄えた富豪で、人びとを導く者である。

善財童子の旅

◉南海歴程

発心の旅

【第1～14のミトラ】

①比丘メーガシュリーの諸仏の観察

発心と念仏

大商主の子スダナ・クマーラは文殊菩薩の教えによって南へ歩いていき、可楽国《からくこく》のスグリーヴァ山についた。

それから山中をさまようこと七日、峰に一人の比丘《びく》（出家修行者）が坐して禅定《ぜんじょう》し、あるいは歩みながら経を誦《じゅ》すのを見た。メーガシュリー（功徳雲《くどくうん》）比丘である。

スダナは礼拝して告げた。

「尊者よ、教えを乞いにまいりました。わたくしは阿耨多羅三藐三菩提《あのくたらさんみゃくさんぼだい》（無上菩提《むじょうぼだい》）を求める心をおこし、菩薩道をきわめたいと発心《ほっしん》いたしました。しかし、どのように菩薩の道を行じればよいのかを知りません。どのようにすれば菩薩の道を行って無上菩提《むじょうぼだい》に至ることができるのか、尊者よ、お教えください」

「良家の子よ。無上菩提を求める心をおこしたのなら、それは尊いことである。未来に願いは満ち、解脱《げだつ》の門に至るであろう。ただ、私はその道を知らない。私はここにいて方便の慧眼《えげん》を体得したにすぎない。如来の陀羅尼《だらに》（仏の威力を保持する霊句・真言《しんごん》）の威力をもって一切の世界を照らせば、東方に百千万億那由多《なゆた》の無量・不可量数の諸仏がいるのが見える。北方にも南方にも西方にも諸仏の姿が見える」

メーガシュリー比丘の語るのは、池に無数の蓮華が咲いて点々と水面をおおうように諸仏は法界《ほっかい》（世界全体）に満ちているということであった。

諸仏は大空に雲がわくように虚空《こくう》に満ちている。しかし、人びとはそれぞれに積み重ねた業《ごう》（過去のおこない）によって曇った眼で諸仏を見るので、正しく念じることができない。

「良家の子よ。私は普門光明観察正念諸仏三昧《ふもんこうみょうかんざつしょうねんしょぶつさんまい》、すなわち普《あまね》く照らす智慧の光明によって諸仏を念じるサマーディ（三昧）の仏門を得た。だから私はここにいて常に諸仏を見て、礼拝し、念じる。しかし私は、この念仏三昧（諸仏に思念を集中すること）を得ているのみで、他のことは知らない」

　比丘は、このように言った。

「この地の南方にサーガラムカ（海門《かいもん》）という国がある。そこにサーガラメーガ（海雲《かいうん》）という比丘がいる。この比丘に菩薩の道をいかに修すべきかを尋ねよ。かの比丘なら、大乗の資糧である善根を明かし、波羅蜜《はらみつ》（成就《じょうじゅ》）の力を増し、菩薩の道をゆく求法者《ぐほうしゃ》たちを普門荘厳《ふもんしょうごん》の法門に導いて大悲の力を生じさせるであろう」

　スダナ・クマーラ＝善財童子は教えをうけて歓喜し、比丘に礼拝して、そのもとを辞した。

仏道は発心を起点とし、
仏を念じることによって前に歩むことができる。

② 比丘サーガラメーガと大海の蓮華

菩提心

　大商主の子スダナは南へ歩んで海門国につき、サーガラメーガ（海雲《かいうん》）比丘に礼拝して告げた。

「尊者よ、教えを乞いにまいりました。わたくしは、かの無上菩提《むじょうぼだい》（全てを救う至高のさとり）を求める心をおこして智慧の大海に入ろうと発願《ほつがん》しました。しかし、わたくしはその道を知りません。わたくしは菩薩の道を行って六道輪廻の生死《しょうじ》の流れを断ちたい。愛欲の海を渇《かわ》かして大悲の水で満たしたい。地獄や餓鬼の悪道を閉ざして天界と解脱《げだつ》の門を開き、迷いの城を出て一切智の城に至り、衆生《しゅじょう》を救おうと誓願いたしました。尊者よ、その道をお教えください」

「良家の子よ。あなたはすでに無上菩提を求める心、すなわち菩提心《ぼだいしん》をおこしたと言った」

「尊者よ、たしかに」

「ならば祝福があろう。私はあなたを讃える。菩提心は深く善根を植えていなければ生じるものではない。あなたは過去に普門の善根と普照光明《ふしょうこうみょう》の法門を得て大悲の心を生じ、一切衆生《いっさいしゅじょう》の苦悩を滅して救護《くご》したいと願う広大な心を得ていよう」

海に咲く蓮華

海雲比丘は童子に、このように告げた。

＊

良家の子よ。私は海門の地で満十二年、大海を見つめた。大海は無量無辺である。深さは量り知れない。この大海の底に私は思念を向けた。海底は思念がとどくにつれてさらに深くなり、無量の宝玉で飾られているのが見えた。

この大海には、あらゆる河川の水が集まり、無量の海水をたたえている。この大海の水はいろいろな色彩をもち、巨大な生き物もいる。大きな雲に覆われて雨が降り、海中に水が充満しても、大海の水量は増減しない。そのことを私は見た。

私は思った。この大海より広く、深く、美しい海が他にあろうか、と。

そのとき私は、海底から蓮の茎がのびて海上に大きな蓮華が咲くのを見た。

その茎はインドラニーラ（インドラの青＝ラピスラズリ）の宝玉でできていた。葉は彼《か》のジャンブー河の高貴な黄金でできており、花托《かたく》は栴檀《せんだん》・沈水《じんすい》の香りを放ち、しべは瑪瑙《めのう》の宝玉でできていた。

その蓮華が広がって大海を覆ったとき、茎は百万の神霊アスラ（阿修羅《あしゅら》）の王に支えられていた。その蓮華は宝石をつらねた宝網で覆われており、その上に百万の龍王が香水の雨を注いだ。また、神鳥ガルダ（金翅鳥《こんじちょう》）の王たちも、音楽の精霊キンナラ（緊那羅《きんなら》）の王たちも蛇神マホーラガ（摩《ま》睺羅伽《ごらが》）の王たちも鬼神ラークシャサ（羅刹《らせつ》）の王たちも精霊ガンダルヴァ（乾闥婆《けんだつば》）の王たちも、それぞれ美しいものを捧げ、海上の蓮華を讃えて歌った。天の神々も天上の花々を散らし、種々の香をくゆらせ、輝かしい幡《はた》を天上から垂れて蓮華に合掌し、礼拝した。この大きな宝蓮華《ほうれんげ》は如来の無上の善根より生じて一切の菩薩の誓願を成就せしめるものであるゆえに。

一切諸法すなわち万物は清浄の源から幻のごとく夢のごとく生じて、あまねく十方の法界《ほっかい》（全世界）に遍満《へんまん》している。世界はどこまでも諸仏の境界《きょうがい》であり、光に充たされている。この蓮華の荘厳も諸仏の境界にあるゆえ、人には不可思議であり、それを語る言葉もない。

そのように思ったとき、私は一人の如来が蓮華の上に坐しているのを見た。如来の身体は有頂天《うちょうてん》（至高の天界）に達し、天空の神々に囲まれ、虚空《こくう》は清らかな美しさに充たされたのである。

普眼の法門

良家の子よ。この海上の蓮華に坐す如来から私が聞いた言葉は、普眼経《ふげんきょう》という。普《あまね》く見る眼を得る法門である。

この経は菩薩の浄行を生じさせ、一切の衆魔外道《しゅまげどう》を降伏《ごうぶく》する。この普き眼という経は、普く一切衆生の所行を照らし出すものである。これは膨大《ぼうだい》な経典であるゆえ、もし書写するとなれば、大海の水を墨とし須弥山にとどくほど多数の筆を使っても、一つの章でさえ書き尽くすことはできない。私は最勝の聞持陀羅尼《もんじだらに》（聞いたことを忘失しないこと）の力によって、この経の無限数の章を記憶した。しかしながら、私は普眼の法門を知って、世の人びとの為すところを見わたすことができるだけである。大願の海をきわめる菩薩の行は、私には知れない。

菩薩は、一切衆生の心の海に十力《じゅうりき》の智（種々の威力をもつ智慧）の光明を生じさせる。

菩薩は、一切衆生の機根（性格）の海を知り分けて、それぞれに教え導く。

菩薩は、一切仏刹《ぶっせつ》（あらゆる仏の国々）の海に入り、諸仏に仕えて供養する。

菩薩は、解脱《げだつ》の智の海、功徳《くどく》の海に深く入り、一切衆生の言葉の海を渡って法輪を転じる。

このような菩薩の道については、この地の南方六十ヨージャナ（由旬《ゆじゅん》）にあるサーガラティーラ（海岸国）に行き、そこのスプラティシュティタ（善住《ぜんじゅう》）比丘に尋ねよ。「菩薩の道をいくには、いかにして清浄の行を修すのか」と。

＊

スダナ・クマーラ＝善財童子は比丘に礼拝し、そのもとを辞した。

仏の世界の荘厳と人びとの姿を見る眼をもつことが大乗の菩薩の道の端緒《たんしょ》である。

③比丘スプラティシュティタの持戒

空中に立つ尊者

大商主の子スダナは比丘が語った普眼経《ふげんきょう》を念じて、痴怠《ちたい》の除滅、深法《じんぽう》の海、如来の法の洲《しま》に思念をめぐらせながら南に歩んでサーガラティーラ（海岸国）に着いた。しかし、スプラティシュティタ（善住《ぜんじゅう》）比丘《びく》は見あたらないので、その姿を求めて東や南に、十方をめぐると、比丘が空中に立ち、無量百千の天の神々にかしずかれて散策しているのが見えたのである。

神々は比丘に供養《くよう》するために天界の花々をふらせ、多くの楽器で天の調べを奏《かな》でていた。また、龍王たちが香雲を湧きおこして空にたなびかせ、精霊キンナラ（緊那羅《きんなら》）たちは伎楽《ぎがく》を演じ、海神たちも阿修羅や夜叉《やしゃ》らの鬼神たちも、それぞれ宝物をささげて虚空《こくう》を美しく飾っていた。

善財童子は比丘に合掌し、礼拝して告げた。

「尊者よ、教えを乞いにまいりました。わたくしは無上菩提《むじょうぼだい》（至高のさとり）を求めて発心いたしました。しかし、いかにして仏法を修するのかを知りません。どうすれば、諸仏を礼して離れずにいて菩薩の道を修し、心に疲倦《ひけん》なく智慧の明るみから離れずいられましょうか」

比丘は善財童子に語った。

＊

良家の子よ。無上菩提を求めるあなたを私は讃える。

私は無碍《むげ》の法門を成就し、明浄の慧光《えこう》を体得した。私は何にも碍《さまた》げられることなく、人びとの心の動きを観察することができる。ここに死に、かしこに生まれる人びとの過去も、現在も、未来も、私は無碍の法門によって明らかに見ることができる。人びとが語る言語も、人びとのありさまも無限に多様であるが、私はその全てを刹那《せつな》（一瞬）に見てとることができる。私は生存の諸欲を離れて無作《むさ》の神力（何事にもとらわれない智慧の威力）を得ているからである。

良家の子よ。私はこの力によって虚空に立ち、どこへでも行くことができる。一念（一瞬の思い）のうちに一人の仏の世界にも百千無量不可説数の諸仏の世界にも行き、花々と種々の香と栄えある色とりどりの幢《はた》をささげて仏に供養し、諸仏の説示をことごとく受けて、人びとに広める。もし人が私のところに来るならば、私はその人を仏法に安住せしめ、ゆらぐことなくあらしめよう。

しかし私は、この無碍の法門を得ているだけである。菩薩の大悲を行じる戒《かい》は心得ていない。

良家の子よ。菩薩の道をゆく者は仏の法において、よく戒を持《じ》さねばならない。

それは大悲を修する戒。生きとし生けるものの悲しみを知り、慈しむこと。

それは六波羅蜜《ろくはらみつ》の戒。布施・持戒・忍辱《にんにく》・精進・禅定・智慧の六つの完成をめざすこと。

それは大乗に乗《じょう》ずる戒。人びとともにゆく大乗の心を保つこと。

そのほか、菩薩の道を捨てないこと、何事にも執着しないこと、疑いを離れること、心を清くたもつことなどである。それらの戒を持すならば無量の功徳があろう。しかし私には、これ以上のことを教える力はない。

良家の子よ。この地の南方、ヴァジュラプラ（自在国）の呪薬城《じゅやくじょう》にメーガ（弥伽《みが》）という医師がいる。彼に尋ねよ。「いかにして菩薩の道を行くのか」と。

＊

スダナ・クマーラ＝善財童子は比丘に礼拝し、そのもとを辞した。

菩薩の道は仏の戒めを忘れず、行いを正して行かねばならない。

④名医メーガの輪字荘厳

輪字荘厳

大商主の子スダナは比丘が示した無碍の法の光明を念じつつ南に歩んでヴァジュラプラ（自在国）の呪薬城《じゅやくじょう》に着き、医師メーガ（弥伽《みが》）をさがした。すると医師は十字街頭（諸国の街道の交差点）の獅子座《ししざ》に坐し、一万の人びとに取り囲まれて輪字荘厳光経《りんじしょうごんこうきょう》、すなわち文字の輪宝《りんぽう》を転じて人びとの訴えを聞き分け、癒しを与える法を修しているところであった。

スダナは医師に礼拝して告げた。

「聖者よ、教えを乞いにまいりました。わたくしは、かの無上菩提《むじょうぼだい》を求めて発心いたしました。しかし、いかにして菩薩の道を行き、生死《しょうじ》の苦のなかにおいて菩薩の心を失わずにいられるのかを知りません。いかにして、堅固正直の心を体得して陀羅尼《だらに》（仏の威力を保持する霊句・真言）の力と智慧の光をもって世間の闇を滅することができましょうか。いかにして一切清浄の法輪を受持《じゅじ》し、忘失せずにいられましょうか。いかにして智慧の力を得て真実義をさとることができましょうか」

「良家の子よ。あなたはすでに無上菩提を求める心をおこしたと言った」

「聖者よ、たしかに」

これを聞いて医師メーガは獅子座を降りて善財童子に礼拝し、童子を讃えて言った。

＊

かの無上菩提を求める心をおこされた方に深く礼拝し、わたくしは敬いをささげます。

無上菩提を求めて菩薩の道をゆく人は、一切諸仏の系譜を保持するでありましょう。

その人は、一切諸仏の国土を荘厳《しょうごん》し、一切衆生を導いて法の如くあらしめるでしょう。

その人を見て、あらゆる賢聖《けんじょう》がことごとく歓びを奏します。天界の神々も、魔界の夜叉・羅刹の王たちも、水界の龍王たちも、霊界の精霊キンナラの王たちも、世の人びとの王たちも、その人を称讃します。

なぜなら、無上菩提を求めて菩薩の道をゆく人は一切衆生の安息を願って地獄・餓鬼・畜生の三悪道を閉ざして諸難を退け、一切貧窮《いっさいひんぐ》の根本を取り除いて天上の快楽《けらく》をおぼえさせて善知識《ぜんちしき》（師友）のそばに置き、菩提心の清らかな光で菩薩の道を明るく照らすからです。

良家の子よ。菩薩は一切衆生のために困難を恐れず、一切衆生の父母となって衆生を尊くあらしめます。

菩薩は人びとを守護して苦難を除き、風輪を転じて人びとが三悪道に堕ちるのを押し止めます。

菩薩は大地です。人びとの善根《ぜんごん》（善い果報のもと）を生み育てるゆえに。

菩薩は大海です。無尽の功徳を蔵するゆえに。

菩薩は太陽の輝きです。智の光明は普く世間を照らして愚痴《ぐち》の闇を滅するゆえに。

菩薩は月の光です。あらゆるものを清めるゆえに。

菩薩は威大な将軍です。あらゆる魔の軍勢を撃退するがゆえに。

菩薩は火焔です。人びとの貪愛《とんあい》を焼き尽くすゆえに。

菩薩は雲です。甘露《かんろ》の法の雨をふらし、人びとの善根を養うゆえに。

菩薩は標識です。法海《ほうかい》の航路を示して導くゆえに。

菩薩は橋です。生死の海を人びとに渡らせるゆえに。

＊

医師メーガはこのように菩薩を讃えると、口から光を放射して三千大千世界《さんぜんだいせんせかい》（全世界）を照らした。すると、その明るい光を受けて天界の神々も水界の龍たちも魔界の夜叉や阿修羅たちも、ことごとく医師のもとに参詣してきた。

医師は、その参集の者たちの声をそれぞれに聞き分けて輪字荘厳光の経を説き、妙音陀羅尼光《みょうおんだらにこう》明《みょう》の法をもって癒しの言葉をさずけ、皆が無上菩提への道に安らぐようにした。

そうして為すべきことを為した医師は、もとの十字街頭の獅子座に登って善財童子に告げた。

＊

良家の子よ。わたくしは所言不虚《しょごんふこ》の法を成就し、妙音陀羅尼光明の法を得ています。ゆえに三千大千世界のあらゆる者の声を聞くことができます。天の神々の言葉も、龍たちや阿修羅・夜叉たちの言葉も、世の人びとの言葉も、あらゆる者の訴えを聞き分けて、その苦しみや歓びを知ることができます。

しかし、良家の子よ。わたくしは菩薩の力のうち、この所言不虚の法を知っているだけです。そのほかのことを語ることはできません。

良家の子よ。諸仏の如来海に入って生死の苦を脱する解脱《げだつ》の言葉を探り、深く衆生の語言海《ごごんかい》に入って一切の音声《おんじょう》を逮得《たいとく》し、よく聞き分けて、それぞれに言葉をかけていきなさい。

この地の南方にヴァナヴァーシン（住林《じゅうりん》）という国があります。そこにムクタカ（解脱）という名の富豪がいます。彼に問いなさい。「いかにして菩薩の道を行くのか。菩薩とはどのようなものなのか」と。

＊

スダナ・クマーラ＝善財童子は医師に礼拝し、そのもとを辞した。

菩薩は医師のように人びとの声に耳を傾け、それぞれに適した言葉をかける。

⑤富豪ムクタカの見仏三昧

見仏三昧

大商主の子スダナは医師メーガが語った衆生の語言海《ごごんかい》を思念しながら南へ歩んだ。それから十二年を経てヴァナヴァーシン（住林）国に至り、富豪ムクタカ（解脱長者《げだつちょうじゃ》）を探した。

諸仏のもとで徳を積んで財宝にも恵まれた富豪は、信仰の篤《あつ》い在俗の信徒、いわゆるウパーサカ（優婆塞《うばそく》）であった。

＊

善財童子は富豪ムクタカに会見し、礼拝して告げた。

聖者よ、教えを乞いにまいりました。

わたくしは先に医師メーガを訪ねて良きミトラ（善知識）を得ることができました。善知識に出会うことは、まことに難しいことですから、わたくしは実に幸いでございました。

聖者よ。私はすでに、かの無上菩提《むじょうぼだい》を求めて発心しておりますが、それは諸仏を供養するためでございます。

わたくしは一切諸仏の心を知り、一切諸仏の大願にしたがって智慧の光明を求め、自身の内から一切の仏を出《いだ》さんと欲してまいりました。

聖者よ。わたくしは、このように聞いております。

聖者は菩薩の道を教えて、あまねく一切を照らす、と。願わくば聖者よ、いかにして菩薩の道を修せばよいのかをお説きください。

＊

富裕な聖者であるムクタカは、そのとき、過去の善根《ぜんごん》の力と仏の威神力と文殊菩薩の護念の力によって摂一切仏刹無量陀羅尼《せついっさいぶっせつむりょうだらに》というサマーディ（三昧《さんまい》）に入っていた。身を清らかにして、あらゆる仏とその国土のありさまに思念を集中したのである。

その三昧において富豪ムクタカには、微塵の数に等しい無数の仏とその国土のひとつひとつが混じりあうことなく明確に見えた。

諸仏は、あるいは降誕し、あるいは道場（悟りの場）に坐し、あるいは伝道の旅をし、あるいは神々や世界の王たちに囲繞《いにょう》されていた。

それら諸仏は神々と人びとの集まりのなかで語っている。

諸仏の説法会《せっぽうえ》は広大である。たとえ微細な説法会でも、その中に不可説数の仏国土の微塵の数に等しい世界がある。その諸仏の声のすべてを、そのときスダナも聞くことができたのだった。

そして富豪ムクタカは三昧から意識をおこしてスダナに言った。

＊

良家の子よ、私は如来の無碍荘厳《むげしょうごん》の法門を成就《じょうじゅ》しました。

私には東方の閻浮檀光《えんぶだんこう》世界の星宿王《しょうしゅくおう》如来の説法会につどう明浄蔵《みょうじょうぞう》菩薩らの一切の大衆《だいしゅ》が見えます。南方の諸力《しょりき》世界の普光《ふこう》如来と心王《しんのう》菩薩らも、西方の光香《こうこう》世界の須弥灯王《しゅみとうおう》如来と無礙心《むげしん》菩薩らも、北方の聖服幢《しょうぶくどう》世界の自在神力無有能壊《じざいじんりきむうのうえ》如来と自在勢《じざいせい》菩薩らも見えます。

良家の子よ。

私は、これらの十方の仏国土《ぶっこくど》の微塵《みじん》の数に等しい諸仏を眼前に見ることができますが、それら諸仏はここに来るのではありません。また、私がそこに行くのでもありません。私の願いのままに、西方安楽世界（極楽国土）の阿弥陀如来も、ここにいて見えるのです。私の身体は、ここに動じずにいます。私の心に諸仏は夢のごとく現れ、心の水が諸仏の姿を映します。

良家の子よ、菩薩の道をゆく者は、すべては自身の心を基盤として現れることを知り、心を堅固《けんご》にたもたねばなりません。智慧の明るみにみちびかれて自己の心を清くすれば、諸仏の国土も清らかに荘厳《しょうごん》されます。諸仏の十力（さまざまな威力）に心を開きなさい。

私は、この諸仏の無礙荘厳《むげしょうごん》の法を修しました。智慧の光によって観察すれば、己身《こしん》（自己の身体）において一切の生起と消滅が生じています。心と世界は、ふたつのことではないのです。

しかし、菩薩の道をさらに進むには、無碍の浄行を学ばねばなりません。

良家の子よ、行きなさい。われわれのジャンブー州（須弥山《しゅみせん》南方の大海にうかぶ閻浮提《えんぶだい》）、すなわち世の南端にミラスパラナ（荘厳《しょうごん》閻浮《えんぶ》提頂《だいちょう》）という国があります。そこにサーラドヴァジャ（海幢《かいどう》）という名の比丘がいます。彼に問いなさい。「いかにして菩薩行を学ぶべきか」と。

＊

スダナ・クマーラ＝善財童子は富豪ムクタカに礼拝し、そのもとを辞した。

万物は自己の心の現れである。菩薩の道をゆく者の心が清らかであれば、その身のままで諸仏の姿と浄土を現前に見ることができる。

⑥比丘サーラドヴァジャの智の海の旗

法界荘厳

大商主の子スダナは富豪ムクタカが語った菩薩の不可思議の法と威力を思念しながら南へ歩んで世の南端のミラスパラナ（荘厳閻浮提頂《しょうごんえんぶだいちょう》）の国でサーラドヴァジャ（海幢《かいどう》）比丘《びく》をさがし、比丘が僧院の廊の端に静かに坐している姿を見た。

比丘は寂然《じゃくねん》と黙したままであったが、多様な現象をあらわして衆生《しゅじょう》の無智の障害をやぶり、苦の集合を取り除いて、一切智者の目覚めにみちびく。その神変をスダナは見た。

一切智の海にかかげられた幢《はた》である海幢比丘の足下には、富み栄える家々の長たちが宝冠・宝飾で身を装い、比丘に布施して供養するために無数に参集していた。また、司祭の婆羅門たちが食物や飲物を花々で飾った宝器に盛って供養し、貧しい人びとにも苦しんでいる人びとにも希望をあたえ、人びとの願いを満たし、その志願を清浄にして菩提（さとり）に向けさせながら十方にちらばっていくのをスダナは見た。

結跏趺坐《けっかふざ》する海幢比丘の両足の膝頭には王族・武人であるクシャトリアたちと婆羅門たちが現れ

出るのをスダナは見た。かれらは四摂法《ししょうぼう》すなわち布施と愛語と利行《りぎょう》（他の人のために生きること）と同事《どうじ》（平等であること）を世に伝えて十方に充満していった。

比丘の腹部の臍輪《さいりん》からは神通の聖仙たちが人の姿で現れ出るのをスダナは見た。獣皮や樹皮の衣をまとって空中を歩みながら仏をたたえ、禁欲の梵行《ぼんぎょう》を示しながら十方に充満していった。

比丘の両脇からは、不可思議数の龍と、龍の娘たちが現れ出るのをスダナは見た。龍たちは芳香の雲を空中に放ち、花々と宝玉の雲を天蓋《てんがい》にかけて虚空《こくう》を荘厳《しょうごん》して法界をおおった。また、妖精アプサラスたちが美しい響きの雲を垂らし、真珠で飾られた天の網を宝石の蓮華にかけて諸仏の説法会を飾り、清らかさが法界に満ちていった。

比丘の胸の卍の巻毛からは、無量阿僧祇数《むりょうあそうぎしゅ》の戦闘神アスラ（阿修羅《あしゅら》）の王たちが現れ出るのをスダナは見た。アスラは大海と山々と天空の神々の宮殿を揺り動かし、魔の暗黒の軍勢を打ち破って世の人びとの慢心・邪心を鎮め、悪の輪廻の境遇から人びとを解放して菩提心《ぼだいしん》に安住させる。そうしてアスラの王たちが菩薩の道を清める光明を放ちながら法界に遍満していった。

比丘の背からは声聞《しょうもん》・縁覚《えんがく》の出家修道の僧たちが現れ出るのをスダナは見た。僧たちは、貪欲《とんよく》多き者には慈心をもって人びとを見ることを教え、瞋恚《しんに》（怒りの衝動）多き者には因果応報の縁起をさとし、愚痴《ぐち》（愚かな迷い）多き者にはそれぞれに適した方便の手立てを講じて正しい道を知らしめながら法界に満ちていった。

比丘の両肩からは鬼神ヤクシャ（夜叉《やしゃ》）とラークシャサ（羅刹《らせつ》）の王たちが恐ろしい異形《いぎょう》の姿で

現れ出るのをスダナは見た。鬼神の王たちは善行の衆生を守護し、菩薩の道を護持するために、執《しゅう》金剛神《こんごうしん》（天帝インドラの武器ヴァジュラを持す者）のわざで地獄や餓鬼などの悪趣《あくしゅ》（悪い世界）に迷う者たちを引きあげ、世の人びとの病気や不安を鎮めながら法界に満ちていった。

比丘の腹部からは音楽の精霊キンナラ（緊那羅《きんなら》）の王たちが、百千阿僧祇のキンナラ王女たちとともに、また楽神ガンダルヴァ（乾闥婆《けんだつば》）たちがその王女たちとともに現れ出るのをスダナは見た。精霊たちは天上の音楽を奏でながら仏と菩薩の法を讃えて法界に満ちていった。

比丘の口からは微塵数《みじんじゅ》のチャクラヴァルティン聖王《じょうおう》すなわちダルマチャクラ（法輪）を転じて地を統べる転輪聖王《てんりんじょうおう》たちが美麗な宝飾の鎧《よろい》をまとった軍勢で四方を固めて現れ出るのをスダナは見た。転輪聖王たちは宝珠を降らして世の中の貧しさを除き、殺生や邪淫・妄語・悪口《あっく》・粗暴・瞋《しん》恚《に》・悪意などから人びとを離れさせて慈悲と和解と歓《よろこ》びの心を広めて邪見の毒刺《どくし》をぬき、疑惑を取り去って一切の障《さわ》りを除きながら法界に満ちていった。

比丘の両眼からは百千阿僧祇《あそうぎ》・微塵数の太陽が現れて輝くのをスダナは見た。光はあまねく十方を照らして一切の闇を滅し、一切衆生の垢穢《くえ》を清める。その光は、寒さに凍える人を温め、人びとの心の重闇《じゅうあん》を祓って歓喜をもたらし、一切世界の境界《きょうがい》を荘厳《しょうごん》して法界に満ちていった。

比丘の眉間の白毫《びゃくごう》からは百千阿僧祇・微塵数の月の群れと神々の主であるシャクラ・インドラ神群の帝王（帝釈天《たいしゃくてん》）たちが現れ出るのをスダナは見た。神々の王であるインドラは天空の宮殿にブッダの法を輝かせ、魔の軍勢を打ち破りながら法界に満ちていった。

比丘の額からは、婆羅門の至高神であるブラフマー神群の王（梵天王《ぼんてんのう》）たちが無数に現れ出るのをスダナは見た。ブラフマー神群は威儀正しく諸仏に説法を勧請《かんじょう》して人びとに教えの歓びをほどこしながら法界に満ちていった。

菩薩の六波羅蜜

そしてスダナは、海幢比丘の頭上から菩薩たちが数知れず現れ出るのを見た。

菩薩たちの身は厳かで光の網を放っている。その身体に六つのパーラミター（完成・成就）、すなわち六波羅蜜《ろくはらみつ》の第一である檀波羅蜜《だんはらみつ》（布施）の歓びを示し、慳吝《けんりん》（物惜しみ）を離れて貪着《とんじゃく》するところはなく、人びとを導いて執着の迷いから救って喜捨の安らぎに至らせている。

菩薩たちはまた、一切世界を荘厳して戒波羅蜜（六波羅蜜の第二）を称揚し、悪戒（悪い習わし）から人びとを遠ざけて大乗の仏道において身を制する律儀《りつぎ》に導き、持戒《じかい》の功徳《くどく》の蔵を開く。色欲・財欲・名誉欲などを誘う事物の一切は夢の如きものであると説き、肉体の五感を酔わせる五欲に滋味はないと教えて煩悩から離れたところに人びとを至らせている。

菩薩たちはまた、清らかな金色《こんじき》の肌を世間に輝かせて人びとの慈心を目覚めさせる。暗愚の畜牛の境遇に落ちる道を断ち切るために、菩薩たちは金色の身体の毛孔《もうく》の全てから光明を放って人びとの忍耐力を増し、放逸を離れさせて忍辱《にんにく》波羅蜜（六波羅蜜の第三）に至らせている。

菩薩たちはまた、禅波羅蜜（六波羅蜜の第四）を称揚して人びとに禅定《ぜんじょう》の自在を得させて邪見の刺を抜いている。

菩薩たちはまた、無限の精進力を示し、一切智者の不退転の力によって人びとを精進波羅蜜（六波羅蜜の第五）に導き、道をさまたげる怠惰の山を粉砕している。

菩薩たちはさらにまた、正見の般若《はんにゃ》波羅蜜（六波羅蜜の第六）を称揚して智慧の自在を願わしめ、生死の境遇を離れて、しかも自在に転生して衆生済度におもむくことを願わしめ、一切の陀羅尼力《だらにりき》（仏の威力を保持する霊句）と願力の浄三昧力《じょうさんまいりき》（願いに心を集中すること）を得させる。

そうして菩薩たちは、薩婆若《さばにゃ》（一切智）の智慧を讃歎《さんだん》しながら一切衆生の諸根（あらゆる人の性格）を照らした。そして我執の山塊を打ち砕き、疑惑と疑念と逡巡の闇を祓いながら菩薩たちが法界に満ちていくのをスダナは見た。

諸仏の法界

さらにスダナは、海幢比丘の頭頂の肉髻《にくけい》から百千阿僧祇の諸仏が現れ出るのを見た。

諸仏の相好《そうごう》（いろいろな瑞相）の荘厳は黄金の霊峰のように輝いて普《あまね》く一切を照らし、妙音声《みょうおんじょう》は法界に充満し、無量無辺の神力を自在に顕現して、普く甘露《かんろ》の法雲をたなびかせて、みのりの慈雨をふりそそいでいる。

道場（さとりの場）に坐す菩薩道の求法者《ぐほうしゃ》たちのためには平等現前の法雲を、灌頂位《かんじょうい》（法を嗣《つ》ぐ者）の求法者たちのためには普門法界《ふもんほっかい》（広大な仏門）の法雲を、初発心《しょほっしん》の求法者たちには精進の法雲、信行の菩薩道の求法者たちのためには無尽解脱《むじんげだつ》の法雲をたなびかせて、みのりの慈雨をそそいでいるのをスダナは見た。

またスダナは、諸仏が色界《しきかい》の衆生《しゅじょう》（肉体をもって物質の世界に生きるもの）のために無尽平等の法雲をたなびかせて、みのりの慈雨をそそいでいるのを見た。

ブラフマー（梵天）の神々にも、神々の帝王シャクラ（帝釈天《たいしゃくてん》）の天空の宮殿にも、ヤクシャ（夜叉《やしゃ》）の王宮にも、楽神ガンダルヴァ（乾闥婆《けんだつば》）の王宮にも、アスラ（阿修羅《あしゅら》）の王宮にも、霊鳥ガルダ（金翅鳥《こんじちょう》）の王宮にも、精霊キンナラ（緊那羅《きんなら》）の王宮にも、蛇神マホーラガ（摩睺羅伽《まごらが》）の王宮にも、諸仏はそれぞれに法雲の雨をそそいでいる。

またスダナは、人間の王たちの宮殿に諸仏が得一切衆生智慧《とくいっさいしゅじょうちえ》の法雲をたなびかせて、みのりの慈雨をそそぐのを見た。

地獄界の衆生のためには寂静音声《じゃくじょうおんじょう》・不乱念荘厳《ふらんねんしょうごん》の法雲、畜生界の衆生には随順如来智慧蔵《ずいじゅんにょらいちえぞう》・無悪道の法雲、閻魔の王城には不捨衆生《ふしゃしゅじょう》・無畏《むい》の法雲、餓鬼道の衆生には寂静音声《じゃくじょうおんじょう》・正希望《しょうけもう》の法雲の雨をふりそそぎ　ことごとく衆生を賢聖《けんじょう》の門に導き入れながら諸仏が法界に充満していくのをスダナは見た。

諸仏は金色の身体の毛孔のひとつひとつから、それぞれ阿僧祇数の光の網を放っている。その光の網のひとつひとつに、菩薩の道をゆく無数の求法者の姿が現前した。無垢の布施を修する者もあれば、菩薩の持戒と禁欲を修する者、菩薩の忍辱を修して棒で打たれ刀で斬りつけられても耐える者、菩薩の勇猛《ゆうみょう》精進を修して魔の軍勢を敗走させる者、菩薩の禅定を修して解脱をめざす者、般若波羅蜜を修して智慧の光明を求める者など、それらの姿が諸仏の光の網の中に現れて十方の法界に満ちるのをスダナは見た。

光明般若波羅蜜の三昧

スダナは、静かに坐して種々の神変を現す海幢比丘を一心に見つめた。

そのとき海幢比丘は三昧《さんまい》の法門を念じつづけ、菩薩の不可思議の境界を思惟しつづけ、法界荘厳の一切智者の威神力をうけて菩薩の願力を建て、菩薩の諸行を増広すること一日一夜、ないし七日七夜、さらに六か月が過ぎたとき、海幢比丘は三昧から覚醒した。

スダナは海幢比丘に合掌し、礼拝して教えを乞うた。

「わたくしは見ました。尊者のサマーディ（三昧）は甚深広大にして境界無量であり、明浄《みょうじょう》の慧光《えこう》は菩薩の道を照らしてございます。菩薩の道を行って、この三昧に入るならば、一切衆生の諸苦を除滅して地獄・餓鬼・畜生の楚毒《そどく》を絶ち、衆生の菩提心をおこし、無上の大悲を長養《ちょうよう》して大願力を生じさせましょう。六波羅蜜を荘厳し、智慧あまねく普賢の諸行を照らして、一切智の境界を明瞭に示すでありましょう。威大な尊者よ、この三昧を何とよべばよいのでしょうか」

比丘はこのように答えた。

＊

良家の子よ。般若波羅蜜は普く平等に見る心を得るもので普眼捨得《ふげんしゃとく》といい、この三昧はその光であるゆえに清浄《しょうじょう》荘厳《しょうごん》普門《ふもん》とよばれます。私は般若波羅蜜を修習《しゅじゅう》して、この三昧を得ました。そして、この三昧を得たときに、百万阿僧祇の三昧を得たのです。

この三昧は、サマーディ（思念の集中）の神変によって一切の世界を荘厳・厳浄《ごんじょう》して障礙《しょうげ》するところなく、一切仏法の功徳の大海を渡って障礙するところなく、十方の諸仏を見たてまつりて障礙するところなく衆生の大海に入り、衆生の一切の根海《こんかい》を了知して障礙するところなく、一切の衆生海を分別《ふんべつ》して障礙するところはありません。

しかし、良家の子よ。私はただ、この光明般若波羅蜜三昧の法門を知っているにすぎません。ゆえに、威大な菩薩の究竟《くきょう》の行を説くことは、私にはできません。威大な菩薩たちは皆ことごとく智慧の大海に入り、慧光は無量にして一切に充満し、一切衆生を救護《くご》します。

良家の子よ。

この地の南方に、サムドラヴェーターディー（海潮《かいちょう》）という国があり、その都城の東にサマンタヴューハ（普荘厳《ふしょうごん》）という名の園林があります。その園林にアーシャー（休捨《ぐしゃ》）という名のウパーシカ（優婆夷《うばい》・信女《しんにょ》）が住んでいます。在家の篤信の女性で、その国の王スプラバ（妙円光王《みょうえんこうおう》）の妃です。

この王妃を訪ねて、いかにして菩薩の道を行くべきかを問いなさい。

＊

スダナ・クマーラ＝善財童子はサーラドヴァジャ（海幢）比丘に礼拝し、そのもとを辞した。

菩薩の道は布施・持戒・忍辱・精進・禅定・智慧の六波羅蜜を灯火として進む。

⑦ 王妃アーシャーの安らぎの旗

園林と宮殿

大商主の子スダナは思った。「サーラドヴァジャ（海幢）比丘こそ仏道のしるべ、良きミトラ（善知識）である。わたしは善知識によって諸仏を見ることができた」と。

善知識は一切の仏法を開示し顕現したまえり。

善知識は奇特である。人をして諸仏の法を見ることを得せしめるゆえに。

善知識は明浄《みょうじょう》の眼《まなこ》である。人をして諸仏の虚空の荘厳を見せしめるゆえに。

善知識は清澄・津済《しんさい》である。人をして諸仏の蓮池《れんち》において源底《げんてい》を得せしめるゆえに。

スダナはこのように念じながら南に歩き、海潮国のサマンタヴューハすなわち普荘厳園林《ふしょうごんおんりん》に着いた。

その園林は金・銀・玻璃《はり》・瑠璃《るり》など種々七宝の垣牆《えんしょう》で囲まれており、七宝の並木が幾重にも美しくそびえて、木々の花が散り、ふくよかな香りが満ち、鳥たちが快い声でさえずっていた。

その園林には高層の楼閣が数多く建ち並び、それらは閻浮檀金《えんぶだんごん》（ジャンブー川に産する高貴な黄金で飾られてまばゆく輝いていた。その宮廷の庭の池も種々の宝玉で造られており、涼しさ・甘さなど八つの功徳のある水が満ちた池の底には、かのジャンブー川の砂金が敷きつめられ、大きな蓮の宝玉の花が咲いて光を放っていた。

この普荘厳園林の中央にヴィチトラドヴァジャ、すなわち「美しき旗（荘厳幢《しょうごんどう》）」という大宮段があった。その宮殿は海蔵摩尼宝玉《かいぞうまにほうぎょく》の地面に建ち、瑠璃宝石の列柱で飾られ、閻浮檀金の網におおわれ、種々の宝玉で輝いていた。

この園林と大宮殿の上空には水の妖精アプサラスなどが鈴や宝石をつらねた紗《うすぎぬ》の天蓋《てんがい》を幾重にも架け、天の神々や空中の精霊たちが王妃アーシャーを見たいと願って雲のように集まっていた。

そこには有頂天《うちょうてん》の神霊たちも天の魔王たちも水界の龍王たちも、阿修羅道の鬼神たちも餓鬼道の幽鬼たちも冥界の王ヤマ（閻魔）とその娘たちも、人間界の王も人びとも群れ集まっていた。かれらは煩悩に縛られ、邪見にとらわれて種々の苦痛にさいなまれているのだが、在家の求法者《ぐほうしゃ》である王妃アーシャー（休捨《ぐしゃ》）を見れば煩悩の汚れは払われ、邪見の剣は抜かれ、悪業《あくごう》の山は崩れ去って一切の病苦は治癒して清浄となるからである。

憂いをなくす旗

この園林に入ったスダナは金色の玉座に坐す王妃にまみえて礼拝し、菩薩の道をいかに修すべきかを問うた。その問いに王妃は、このように答えた。

＊

良家の子よ。わたくしはただ憂いをなくす安らぎの旗（離憂安穏幢《りうあんのんどう》）という法門を成就したにすぎません。それゆえ、わたくしを見る者、わたくしを思う者、わたくしの近くに来る者は離憂安穏を得るのです。

しかし良家の子よ。いまだ善根《ぜんごん》を植えず、善知識とも出会わず、諸仏の護念からも離れている者たちに、わたくしは見えません。そのような者ではなく、良家の子よ、わたくしを見ることができる者は無上菩提《むじょうぼだい》へ通じる菩薩の道において不退転となります。

ここには東方の諸仏が来て獅子の宝座に坐し、わたくしのために法をお説きになります。東方と同様に、十方から如来がやって来て、法をお説きになります。南方の諸仏も西方・北方の諸仏も、十方一切の諸仏がここに来て法をお説きになります。

そして、良家の子よ。ここには菩薩の道をゆく八万四千億の求法者が集い、みな菩薩の道において不退転を得ています。この園林に来る者はすべて、だれもが不退転を得るのです。

＊

王妃アーシャーの誓願

この大きな福徳を見てスダナは尋ねた。「王妃には菩提心をおこしてどれほどの長きになられキしょうか」と。

＊

良家の子よ。遠い過去の世に、わたくしはディーパンカラ（燃燈仏《ねんとうぶつ》）というみ仏に帰依《きえ》して仏法を受けました。その後、ヴィマラ（離垢仏《りくぶつ》）というみ仏を師として出家し、法輪を護持して修道しました。

さらにケートゥ（妙幢仏《みょうどうぶつ》）、メールシュリー（勝須弥仏《しょうしゅみぶつ》）、パドマガルバ（蓮華徳蔵仏《れんげとくぞうぶつ》）、ヴァイローチャナ（毘盧遮那仏《びるしゃなぶつ》）、サマンタチャクシュス（普眼仏《ふげんぶつ》）、ブラフマシュッダ（梵寿仏《ぼんじゅぶつ》）、ヴァジュラナービ（金剛臍仏《こんごうさいぶつ》）、ヴァルナデーヴァ（水天仏《すいてんぶつ》）というみ仏が出現され、さらに三十六恒河沙《ごうがしゃ》（三十六本のガンジス川の砂の数）の諸仏が世に現れました。

わたくしは過去世の順次生《じゅんじしょう》にこれら諸仏を師として出家求道しました。そして、諸仏の智慧に導かれて菩薩の心をおこし、菩薩の陀羅尼《だらに》神力を得て、すべて命をもつもののために世界網《せかいもう》に遊行しました。

良家の子よ。わたくしの一声は一切衆生の心に歓びを生じます。わたくしは菩薩の自在神力を得て、わたくしの身は、ここに一つであっても一切の世界に満ちるのです。

＊

スダナは王妃アーシャーに礼拝して尋ねた。「王妃には菩薩の道をきわめられ、かの無上菩提《むじょうぼだい》（至高のさとり）に達せられましょう。それはどれほど先のことでしょうか」と。

＊

良家の子よ。菩薩が無上菩提を求めるのは、衆生の一人を救うためではありません。百人、千人、ないし不可説数であっても、特定の人を救うためでもありません。菩薩の道をゆく者は一切刹土《せつど》の衆生界を教化し、成就に導くために菩提心をおこすのです。

良家の子よ。

菩薩の道をゆく者の望みは、一切諸仏に恭敬《くぎょう》し、その威光を奉じて一切仏刹《ぶっせつ》（あらゆる仏の世界）を浄化し、仏法を守護し受持していくことです。そして、一切衆生の心海《しんかい》（心の深層）を知り、その心々《しんしん》の所行（おりおりの心のために為すこと）を知り、その諸根輪《しょこんりん》（複合する根源の性格）と煩悩《ぼんのう》習気《じっけ》（煩悩の習性）を知って、一切衆生の煩悩を断ちたいと願います。

そうして一切衆生の業《ごう》と煩悩の海が涸《か》れ干したとき、菩薩の道をゆく者の上に智の太陽が昇るでしょう。そのとき、菩薩を智慧の光明がつつみ、一切衆生の苦の炎をすべて鎮めるために大悲の雲が湧きおこります。

そのためには、良家の子よ、菩薩は百万阿僧祇《あそうぎ》の方便の法門（いろいろな救いの手立て）を成就しなければなりません。それができたとき、一切諸法の智によって、菩薩の行為は一切諸法と融合するでしょう。また、一切世界と菩薩の行為は融合し、一切の仏刹《ぶっせつ》（仏の国土）を清めるでしょう。

良家の子よ。

わたくしは誓願を立てています。「欲界の浄化が成就するとき、我が誓願も成就すべし。一切世界の浄化が成就するとき、我が誓願も成就すべし。一切衆生の煩悩習気が断たれるとき、我が誓願も成就すべし」と。この誓願が満ちるまで、わたくしはここにいます。

＊

スダナは尋ねた。「王妃の示された法門を何とよべばよいのでしょうか」と。

＊

それは先に言った離憂安穏幢《りうあんのんどう》の法門です。しかし、これは菩薩の法門の一つにすぎません。わたくしはこの一つを知るだけですから、威大な菩薩たちの他の多くの法門について語ることはできません。

良家の子よ。この南方の地サムドラヴェーターディー（海潮《かいちょう》）にナーラユス（那羅素《ならそ》）という国があります。そこにビーシュモーッタラニルゴーシャ（毘目瞿沙《びもくくしゃ》）という名の仙人がいます。この仙人を訪ねて教えを乞いなさい。

＊

スダナ・クマーラ＝善財童子は王妃アーシャーに礼拝し、そのもとを辞した。

菩薩の道をゆく求法者は、
その姿で人びとに励ましを与える。

⑧仙人ビーシュモーッタラニルゴーシャの無敵の旗

仙人と一万人の弟子

大商主の子スダナは王妃アーシャーの教えに従って菩薩の誓願を思惟し、諸仏にまみえたいと願いながら歩を進めてナーラユス（那羅素《ならそ》）国に行った。そして、ビーシュモーッタラニルゴーシャ（毘目瞿沙《びもくくしゃ》）仙人の姿をさがすと、仙人は大きな森の中の庵にいた。

仙人は樹皮をまとい、髪は束ね、草の敷物に坐して一万人の弟子の仙人たちに囲まれていた。

スダナは思った。「ここに善知識《ぜんちしき》（仏道の師友）を得たい」と。

善知識は灯火である。一切智の境界を照らすがゆえに。

善知識は橋である。生死の流れを渡らしめるゆえに。

善知識は傘蓋《さんがい》である。大悲の力を生じて一切を覆うがゆえに。

善知識は海潮である。大悲を満たすゆえに。

このように念じながらスダナは仙人に近づき、礼拝し合掌して問うた。「いかに菩薩の道をゆき、菩薩の行を修すべきか」と。

仙人はスダナが阿耨多羅三藐三菩提《あのくたらさんみゃくさんぼだい》（無上菩提）を求める心をおこしていることを知り、一万人の弟子たちに言った。

＊

このクマーラ（高貴な少年）は菩提心をおこしてここに来た。一切衆生に普《あまね》く無畏《むい》を施して恐怖や不安を除く者になるであろう。

このクマーラは深智《じんち》の海におもむいて一切諸仏の法雨を飲まんと欲し、一切法海の源底《げんてい》をきわめようとしている。

このクマーラは大悲の重雲をおこして甘露の法雨を注がんと欲し、智の明月を昇らせて世間の煩悩の闇を滅し、一切衆生の善根を長養する者になるであろう。

＊

弟子の仙人たちはスダナに花々を散らして歓びと敬いをささげ、礼拝して宣《の》べた。

＊

スダナ・クマーラは一切の衆生を救護《くご》し、三悪道を滅して地獄道の難を離れしむ。

スダナ・クマーラは欲海を消渇して苦陰《くおん》を除滅し、愚痴の闇を捨てて貪愛《とんあい》の縛《ばく》を断たしむる。

スダナ・クマーラは明浄《みょうじょう》の智の月を昇らせ、一切善根の諸法を照らして世間を示導《じどう》せん。

＊

無壊幢の法門

仙人は言った。

「かの無上菩提を求めて菩薩の道をゆく者は、一切智を得て諸仏の国土を清めるであろう。良家の子よ。その菩薩の道において、我は無壊幢《むえどう》（無敵の旗）の法門を成就した」

「聖仙には無壊幢の法門において、いかなる境界にあられましょうか」

スダナが尋ねると、仙人は右手を伸ばしてスダナの頭を撫《ぶ》してから、スダナの右手をとった。

すると、スダナは自分が十方・微塵数の諸仏の国土にいるのを見た。その仏国土は阿僧祇数の種々の宝物をもって清らかに荘厳され、諸仏は光の網は輸の形に輝いて、スダナは自分が智慧の光明につつまれているのを見た。

スダナは無数の諸仏の一仏に近づいて、み足をいただいて礼拝し、その足下で一昼夜を過ごした。また別の一仏の足下では七日七夜、また半月、また一月、また一年、また百年、さらには百千億年、さらには一劫《こう》・百劫ないし不可説那由他《なゆた》の劫にわたって仏の足下にいた。

そのときスダナは無壊幢の法門の智に照らされて、普く照らす光の蔵（明浄蔵三昧《みょうじょうぞうさんまい》）にいた。また、金剛輪陀羅尼《こんごうりんだらに》の光明に照らされて智の楼閣に在り、般若波羅蜜の荘厳境界で自分が光につつまれているのを知った。

そして仙人がスダナの手を放すと、もとの状態に戻った。

そのとき仙人がスダナに尋ねた。「良家の子よ。今のことを覚えているだろうか」と。

「聖仙のミトラの力により、たしかに覚えております」

スダナが答えると仙人は言った。

＊

良家の子よ。我はただ、この菩薩無壊幢の法門を知るだけである。

良家の子よ。この南方の地にイーシャーナ（進求《しんぐ》）という国がある。そこにジャヨーシュマーヤタナ（勝熱《しょうねつ》・方便命《ほうべんみょう》）という婆羅門《ばらもん》（古《いにしえ》の神々をまつる司祭）がいる。彼に尋ねよ。菩薩の道を行くには、いかにして菩薩行を学ぶべきか、いかにしてそれを修めるべきかを。

＊

スダナ・クマーラ＝善財童子はナーラユスの仙人に礼拝し、そのもとを辞した。

菩薩の道は善知識の旗をしるべとし、
十方諸仏の智の光に照らされて進む。

⑨婆羅門ジャヨーシュマーヤタナの炎の試練

炎の行者

大商主の子スダナは無壊幢の法門の不可思議の光明で心を照らしながらイーシャーナ国に行き、婆羅門《ばらもん》のジャヨーシュマーヤタナ師を訪ねた。

そのとき、婆羅門は一切智を得ようとして激しい苦行を修していた。彼の周囲には炎が大きな山となって燃え上がっている。その炎の山の断崖絶壁には刀の刃のように険しい道があり、頂上に通じているのだった。

スダナは苦行者に礼拝し合掌して問うた。「いかに菩薩の道をゆき、菩薩の行を修すべきか」と。

婆羅門の苦行者は、このように言った。

「火の山を登って頂上の断崖に立ち、火焰の中に身を投じよ。そうすれば、菩薩の諸行はことごとく浄化され、成就に至るであろう」

スダナは思った。「この婆羅門は魔物だろうか。あるいは魔物が現したものだろうか。もしそうなら、その教えに従えば険悪の道に入り、仏法から外れてしまう」と。

諸天の讃え

そのとき、一万のブラフマー（梵天《ぼんてん》）が空中に現れて言った。

「良家の子よ。そのような疑念にとらわれてはならない。この婆羅門は金剛焔三昧《こんごうえんさんまい》の光明を獲得した聖者である。邪見の網を引き裂き、煩悩と業の薪を燃やしつくして生死の恐怖を取り除く者だ。我らブラフマーは、世を創造したが、そこは慢心と放逸、争いが満ちており、我らの心に安らぎと歓びはなかった。しかし、この婆羅門が四囲と頭上を炎につつむ五火の苦行をなしたとき、我らの宮殿は法の光に照らされたのだ」

一万の自在天の王たちも、化楽天《けらくてん》の王たちも夜摩天《やまてん》の王たちも、兜率天《とそつてん》の主たちも、婆羅門を讃えて天界の花々や香をふりそそいだ。

また、一万の龍王たちが栴檀香の雲をたちのぼらせ、龍の王女たちは音楽を奏でて婆羅門を讃えて言った。

「良家の子よ。この婆羅門が五火の苦行をなしたとき、我らの龍宮は光に照らされた。我らが猛鳥スパルニン（金翅鳥《こんじちょう》）に喰われる恐怖は除かれ、瞋恚《しんに》（怒り）の熱は冷やされて爽快を得た」

また、一万の夜叉《やしゃ》・羅刹《らせつ》らの鬼神・悪霊が現れ、婆羅門を讃えて言った。

「良家の子よ。この婆羅門が五火の苦行をなしたとき、我らに慈悲心が生じた。もはや他を傷つけ悩ますことなきゆえ、身心柔軟《しんしんにゅうなん》にして安穏快楽《あんのんけらく》である」

また、一万の阿修羅王《あしゅらおう》たちがすみかの大海から現れて言った。

「良家の子よ。この婆羅門が五火の苦行をなしたとき、我らの宮殿・大海は震動し、我らは諂曲慢《てんこんまん》心《しん》を離れることができたのである」

そのほか、緊那羅《きんなら》・摩睺羅伽《まごらが》など、幾千無量の天の神々たちと空中の精霊たちと地の神霊たちが現れて婆羅門を讃えたのだった。

火中の清涼

スダナは神々の言葉を聞いて婆羅門が真の善知識であることを知り、疑いをもった自身を恥じた。

「聖者には、わたくしの懺悔《さんげ》をお受けください」

婆羅門はスダナの懺悔を受け容れて告げた。

「菩提を求める者よ。疑惑を除滅し正道《しょうどう》を修習《しゅじゅう》して法の真実相を知れ」

この教えを受けてスダナは炎の山の刀の道を登り、頂きの断崖に立った。そして眼下の火焔にむかって身を投げたのである。すると、途中の空中でスダナは安住三昧《あんじゅうざんまい》を得て恐怖は消え、ついに炎の中に落ちても寂静《じゃくじょう》にして安楽であった。

「聖者よ。身が火焔に触れても、わたくしは安穏《あんのん》にして快楽《けらく》でございました」

婆羅門は言った。

＊

良家の子よ。菩薩の道をゆくのを恐れてはならない。しかし我はただ、この菩薩の無尽法門を得たにすぎない。

良家の子よ。この南方の地にシンハヴィジュリンビタ（獅子奮迅《ししふんじん》）という都城がある。そこにマイトラーヤニー（慈行《じぎょう》）というクマリ（貴少女）がいる。その国のシンハケートゥ王の王女である。そこに行って問え。菩薩の道はいかにして学ぶべきか、いかにそれを修すべきかを。

＊

スダナ・クマーラ＝善財童子は婆羅門の苦行者に礼拝し、そのもとを辞した。

菩薩の道を恐れずにゆく者には、
火焔も涼風に変じる。

⑩ 王女マイトラーヤニーの鏡の宮殿

鏡の宮殿

大商主の子スダナは婆羅門の示唆にしたがって都城シンハヴィジュリンビタに向かった。その町のほとりに着いてマイトラーヤニー王女の居所を尋ねると、王女は王城のヴァイローチャナガルバ（毘盧遮那蔵《びるしゃなぞう》）という宮殿にましますという。五百人の乙女にかしづかれて宮殿の屋上に登り、黄金の網と天上の布で飾られた玉座に坐して教えを説かれるということであった。

スダナが町に入って王城に近づくと、王城は庶民には禁域のはずなのに、幾百、幾千、幾百千の人びとが自由に城門を入るのを見た。

「あなたがたはどこへ行くのですか？」

スダナの問いに「みんな王女の教えを受けに行くのです」と人びとが答えるので、スダナも王城に入ると、ヴァイローチャナガルバ宮が玻璃《はり》（水晶）の地に建っているのが見えた。

その宮殿には瑠璃《るり》（ラピスラズリ）の柱が立ちならび、壁は金剛石《こんごうせき》（ダイヤセンド）であった。尖塔には閻浮檀金《えんぶだんごん》（ジャンブー川に産する高貴な黄金）が輝き、宝玉の網がかけられ、無数の摩尼《まに》宝珠《ほうじゅ》がきらめ、百千の黄金の鈴が涼やかな音をかなでていた。

宮殿の玉座に坐した王女の瞳は青く澄みきり、髪は紺青の深みをたたえ、肌は黄金に輝いている。その王女にスダナは礼拝し合掌して問うた。「いかに菩薩の道をゆき、菩薩の行を修すべきか」と。その問いに王女は言った。「この宮殿をよく見なさい」と。

スダナがあらためて宮殿を観察すると、瑠璃の柱の一本一本に一切の世界があり、一切諸仏の姿が見えた。また、壁の金剛石の一つ一つに、摩尼宝珠の一つ一つに、金鈴の一つ一つに、それら無数のものの一つ一つに一切の世界の一切の諸仏の姿が見えたのだった。またスダナは、諸仏がそれぞれ、発心して出家する姿も修行の姿も成道の姿も法輪を転じる姿も涅槃の姿も現すのを見た。毘盧遮那蔵宮《びるしゃなぞうきゅう》の一つ一つのものが諸仏の姿を映すのは、澄みわたった湖に月影が照り映え、無数の星々がきらめく夜空が映るかのようであった。

この諸仏顕現の荘厳の中にあってスダナが王女に合掌礼拝すると、王女は語った。

「良家の子よ。これは般若波羅蜜普荘厳《はんにゃはらみつふしょうごん》の法門です。智慧の光によって普《あまね》く荘厳せられた世界が現れたのです。わたくしは三十六恒河沙《ごうがしゃ》の諸仏のもとで、この般若波羅蜜の法を修しました」

「その法門にあって、王女にはいかなる境界にあられるのでしょうか」

＊

良家の子よ。この普き荘厳の法門にあっては百千阿僧祇の陀羅尼門《だらにもん》（思念の集中によって現れる世界）が同時に等しく転回しています。そこには諸仏の浄土も、諸仏の説法の姿も、菩薩の修行の姿も、天界の神々の宮殿も、人びとの心の海もあります。人びとが菩提心の資糧《かて》を得て出離《しゅつり》に向かうようすも、清浄な智慧の光が人びとの罪を清めるようすも見えます。しかし、わたくしはこの般若波羅蜜の普き荘厳の法門を得たにすぎません。

良家の子よ。この南方の地にトリナヤナ（三眼《さんげん》）という国があり、スダルシャナ（善見《ぜんけん》）という名の比丘《びく》（僧）がいます。

行って問いなさい。菩薩の道はいかにして学ぶべきか、いかにそれを修すべきかを。

＊

スダナ・クマーラ＝善財童子はマイトラーヤニー王女に礼拝し、そのもとを辞した。

一は即ち多、多は即ち一である。
どんな微細なものにも世界全体が宿っている。

⑪ 比丘スダルシャナの林の小径

一念の諸仏

大商主の子スダナは南方の地を進んでトリナヤナ（三眼《さんげん》）国におもむいた。そしてスダルシャナ比丘の姿を求めて都城をさがし、村々を歩き、深山に分け入り、曠野をわたって、比丘が林のなかで沈思・歩行しているのを見いだした。

比丘の姿は仏のように尊く、天龍八部の神々や精霊たちが取り巻いていた。そして比丘が歩むにしたがって地の神々が道をととのえ、空中の神々は花を降らせ、清らかな香をただよわせて比丘にささげていた。

スダナは比丘に礼拝して教えを乞うた。

「わたくしは、かの無上菩提《むじょうぼだい》に向かって菩薩の道を求めてまいりました。尊者よ、お教えください。いかに菩薩の道をゆき、菩薩の行を修すべきかを」

比丘はこのように答えた。

＊

良家の子よ。私は三十六恒河沙《ごうがしゃ》の諸仏のもとで出家の梵行を修した。私は今、この清らかな林の小径《こみち》にいる。そしてここに、一切の法界が現じて悉《ことごと》く私の前にある。私はここにいて、一念のうちに不可説微塵数《ふかせつみじんじゅ》の諸仏に礼拝することができる。私はここにいて、不可説微塵数の諸仏の法雲につつまれ、不可説微塵数の菩薩の行が現前する。

ここに、一切諸行は悉く清浄《しょうじょう》である。無上菩提を求める菩薩の行願力によるゆえに。

しかし、良家の子よ。私はこの随順菩薩灯明の法門（菩薩の誓願によって灯《とも》される智の光の世界）を知るにすぎない。

良家の子よ。この南方の地にシュラマナマダラ（円満多聞《えんまんたもん》）という国がある。その都城スムカ（妙門《みょうもん》）にインドリエーシュヴァラ（根自在主《こんじざいしゅ》）という名のクマーラ（高貴な少年）がいる。行って問え。菩薩の道はいかにして学ぶべきか、いかにそれを修すべきかを。

＊

スダナ・クマーラ＝善財童子は比丘に礼拝し、そのもとを辞した。

菩薩の誓願は智の光明となり、
一切の世界が照らされて現前する。

⑫河水のほとりの高貴な少年インドリエーシュヴァラ

菩薩の算法

大商主の子スダナがシュラマナマダラ国の都城スムカの近郊についたとき、天空の神々と龍たちが告げた。「かのクマーラ（高貴な少年）は王城の河水《かすい》のほとりにいます」と。

スダナがそこにいくと、その気高い少年インドリエーシュヴァラ（根自在主《こんじざいしゅ》）は一万の児童と砂遊びを楽しんでいた。

スダナは少年に礼拝して問うた。「いかに菩薩の道をゆき、菩薩の行を修すべきか」と。

少年はこのように答えた。

＊

良家の子よ。私は文殊菩薩に数学・相麗《そうえん》（占い）・枚挙《まいきょ》（集計）などの学問を学んで、医学・生理学、建築・造園、経営などの法を得ました。私は、身体の毒を消して病を癒し、悪霊を払って懊悩を除くことができます。都市を設計して人びとの居住地や公園を造営する知識があります。いろいろな機械の設計や扱い方の知識、危険にたいする安全の知識、農耕や商業の実務の知識、さらに善と不善を見わけて人びとが地獄道・餓鬼道などの悪趣におちるのを防ぎ、善趣に向かう資糧《かて》を与えます。

良家の子よ。ここに無量百千由旬《ゆじゅん》の砂の山があります。菩薩の算法をもってすれば、この砂山の砂粒の数を知ることができます。この算法をもって菩薩は一切世界の設計を知り、一方の無量の諸仏の数、無量の菩薩の数、そして衆生の無量の業を了知することができます。しかし、私はただ、この巧術智慧法門《こうじゅつちえぼうもん》（技術の智慧の明るみ）を得ているにすぎません。

良家の子よ。この南方の地にサムドラプラティスターナ（海住《かいじゅう》）という都城があり、プラブーター（自在）という名のウパーシカ（優婆夷《うばい》・信女《しんにょ》）がいます。在家の篤信《とくしん》の女性です。行って問いなさい。菩薩の道はいかにして学ぶべきか、いかにそれを修すべきかを。

＊

スダナ・クマーラ＝善財童子は少年に礼拝し、そのもとを辞した。

菩薩の道をゆく者は、人びとを豊かにする実学も身につけなければならない。

⑬信女プラブーターの幸いの家

福徳の壺

大商主の子スダナがその都城におもむいて人びとに尋ねると、プラブーター信女は都城の中央にある邸宅にいるということだった。その家は広く大きく、種々の宝玉で造られた垣牆《えんしょう》が囲んでいる。その四方の門は無数の宝石で飾られていた。

その門を入ると、たおやかな若い女性が宝玉の獅子座に坐していた。プラブーター信女である。信女は素服のままで、瓔珞《ようらく》（宝飾の鎖）のほかには着飾ってはいなかったが、容姿の美しさは仏と菩薩のほかに勝るものはなかった。

その邸内には菩薩行の蓄積した功徳によって天界の神々の座より美しい椅子が数知れず並んでいたが、信女の前に一つの壺があるほかには財物や衣服・食糧の蓄えはなかった。信女は四門を開け放ってどんな人にも施しているのだが、不可思議にも、施しの尽きることはないのだった。

その信女のわきには一万の侍女が立っている。侍女たちは姿もふるまいも声も、水の妖精アプサラスのように優美であった。その身体から出る芳香はサムドラプラティスターナの町全体にただよっている。その香をかぐ者は菩提心を励まされ、邪悪な心は除かれ、貪欲《とんよく》や瞋恚《しんに》（怒り心）は鎮まり、大悲の心をよびさますのだった。また、声を聞かば心は歓びに満ちて心身爽快であり、姿を見る者は欲望を離れることができるのだった。

スダナは信女に礼拝して問うた。「いかに菩薩の道をゆき、菩薩の行を修すべきか」と。

信女はこのように答えた。

＊

良家の子よ。わたくしは無尽功徳蔵荘厳《むじんくどくぞうしょうごん》の法門を成就しました。わたくしは、この一個の壺から飲み物でも食べ物でも、思いのままにとりだすことができます。わたくしは、一つの器の食物を百人に施し、それぞれの欲しいものを満たすことができます。千人でも百千でも千億でも百千億でも、不可説微塵数の衆生に、その欲するものを施します。そして、わたくしから食《じき》を受けた者は菩提の道場（さとりの座）に坐し、魔の軍勢を打ち破っていきます。

良家の子よ。あなたは、ここにいる一万人の侍女を見たでしょうか。

この者たちをはじめ、わたくしのもとに一千万阿僧祇のウパーシカ（優婆夷《うばい》・信女《しんにょ》）がいます。彼女らは皆、わたくしと同じ福徳の力をもっています。

ここの一万人のウパーシカは、わたくしと同じ壺をもって一刹那のうちに普く十方に広がり、餓鬼道の幽鬼たちにも食を施して飢渇から救います。また、神々には天上の食を施し、龍たちにも阿修羅たちにも鬼神たちにも清浄の食を施して、それぞれの飢渇を除きます。

良家の子よ。わたくしの家の門をごらんなさい。

＊

スダナが門のほうを見ると、信女が過去世において立てた布施の誓願によって無数の人が招かれ、東西南北の四門から邸内に入って座につき、食を受けている。天龍八部の神々も精霊・鬼神たちも無数に招かれて食を受けている。そして、信女のもつ一個の壺は、尽きることなく清浄な飲み物や食べ物を出しつづけるのだった。

＊

良家の子よ。菩薩の福徳は、さらに大きなものです。わたくしはこの無尽功徳蔵荘厳の法門を得たにすぎません。この南方の地にマハーサンバヴァ（大興《だいこう》）という都城があり、ヴィドヴァーンス（明智《みょうち》）という名の富豪がいます。

行って問いなさい。菩薩の道はいかに学ぶべきか、いかにそれを修すべきかを。

＊

スダナ・クマーラ＝善財童子は信女に礼拝し、そのもとを辞した。

布施は福徳の蔵である。
愚かさや欲望を鎮めて心を清める。

⑭ 富豪ヴィドヴァーンスの宝蔵

富豪と一万人の従者

大商主の子スダナがマハーサンバヴァの町に行くと、富豪ヴィドヴァーンスは都城の十字街頭（中心街）にそびえる高楼《こうろう》にあり、福徳の宝珠をもって荘厳《しょうごん》された椅子に坐していた。その椅子は金剛石（ダイヤモンド）や天帝インドラの青（ラピスラズリ）など無数の宝石で造られて黄金の網でつつまれ、五百の象が彫られ、台座には鮮やかな天上の布が敷かれ、天上の紗《うすぎぬ》や宝玉の旗や幕が張りめぐらされている。

その吉祥の座に坐す富豪ヴィドヴァーンスのそばには一万人の従者がいて、瑠璃《るり》とジャンブー河の高貴な黄金の傘蓋《さんがい》を富豪の頭上にさしかけ、白鳥ハンサの純白の羽根の扇で涼風を送っている。また、従者たちは清らかな香を焚き、天上の楽の音にも勝る五百の楽器を奏でて、床には花々を散らしているのだった。

その一万人の従者の姿は神々よりも美しく、菩薩の尊厳をそなえていた。その従者たちは富豪にしたがって、過去世において富豪と同じく多くの善根を修した。それゆえ、離垢《りく》の宝蔵をもって荘厳されているのだった。

スダナは富豪に礼拝して教えを請うた。

＊

わたくしは一切衆生を利益《りやく》せんために発心《ほっしん》し、阿耨多羅三藐三菩提《あのくたらさんみゃくさんぼだい》（無上菩提）を求めてまいりました。

わたくしは、一切衆生の苦悩を滅し、輪廻の海を超えて法宝《ほうぼう》の島に渡らせたいと誓願を立てました。貪愛を銷渇《しょうかつ》して大悲の念をなさしめ、五欲の渇きを除いて一切智に向かわせ、畢竟《ひっきょう》して生死の曠野《こうや》を渡り、一切諸仏の功徳をもって迷妄の三界を超出し、般若の城に至らしめたいと誓願しております。

聖者よ、お教えください。この菩薩の道をいかにゆき、いかにして修すべきかを。

＊

富豪は、このように答えた。

＊

良家の子よ。あなたを讃えよう。阿耨多羅三藐三菩提を求めて発心し、よく菩薩の道を学ぶ者は得がたい。あなたは、良きミトラ（善知識《ぜんちしき》）を求めて、出会い、その言葉を尊んで倦《う》むことなく歩み、ここまで来た。まことと善きことである。

さて、良家の子よ。ここにいる一万人の従者が見えるか。

離垢の宝蔵

スダナが「見えております」と答えると、富豪は言った。

＊

この従者たちは、かつて私が法を説いて阿耨多羅三藐三菩提に向かって発心させ、如来の家に生まれさせて、生死の輪を破って三悪道を断ち、善趣《ぜんしゅ》に安住させた者たちである。

＊

良家の子よ。菩薩は悉く《ことごと》一切衆生を救護《くご》する者であり、生きとし生けるものの保護者である。私は如意功徳宝蔵《にょいくどくほうぞう》の法門を成就して、思いのままに施しをなし、尽きることはない。私は、飢えて食物を求める者には食物を、乾いて飲み物を求める者には飲み物を、住まいのない者には温かい家を、眠れない者には柔らかい夜具を、病気に苦しむ者には薬を、旅に疲れた者には乗物を、重荷にあえぐ者には荷車を、陽ざしに傷む者には日傘を、助けを求める者には若者を、女性を求める者には女性を、子を求める者には子を与えよう。

身分や男女の別なく平等に、だれであれ、何であれ、その求めるものを私は与えよう。そして心をめざめさせて法の施しをなすであろう。

良家の子よ。しばし待てば、それが自分の目で見られるであろう。

＊

富豪がそう言ったとき、その誓願に招かれて諸方の都市や村々から人びとが集まってくるのが見えた。家柄や身分や男女の別なく人びとが集まっている。

そのとき富豪が天穹を見つめると、虚空にいろいろな味や香りの食物・飲み物が現れ、富豪はひとつひとつ手にとって人びとの望みのままに施したのだった。

それによって満足を得た人びとに富豪は仏法を求めるように諭し、生死の愛着を滅して魔の軍勢を退ける力を得させたのである。

富豪は、食物を求める者には虚空から種々の食物をとって与えたうえで、寿命と弁才の力を得させた。飲み物を求める者には種々の味のよい飲み物を与えたうえで、生死の渇愛や愛着を止めさせた。諸方の河からやってきて乗物を求める者たちには、いろいろな美しい乗物を与えたうえで、大乗という乗物に乗せたのだった。

富豪は言った「菩薩は、一切諸仏に奉仕し、一切の衆生界を成熟・教化するために慈雨を降らせる。しかし、さらに威大な菩薩は一切の自在功徳を具備し、その宝手で全てをおおって、無量の慈雨をそそぐ。私は、この随意に福徳を生みだす如意功徳宝蔵《にょいくどくほうぞう》の法門を成就したにすぎない」と。

＊

良家の子よ。この南方の地にシンハポータ（獅子宮《ししきゅう》）という都城があり、ラトナチューダ（法宝髻《ほうぼうけい》）という偉大な富豪がいる。

行って問え。菩薩の道はいかに学ぶべきか、いかにそれを修すべきかを。

＊

スダナ・クマーラ＝善財童子は富豪ヴィドヴァーンスに礼拝して辞し、その教唆にしたがって歩いていった。「良きミトラ（善知識）によって一切智を得たい。善知識によって無壊《むえ》の心を生じ、善知識にしたがって諸根《しょこん》（いろいろな悪い性質）を調伏《ちょうぶく》せん」と念じながら。

菩薩は人びとの飢渇を除き、
愛着を断って大乗に導く。

◉南海歴程　求法の旅

【第15～第29のミトラ】

⑮富豪ラトナチューダの菩薩の館

八門十層の高楼

大商主の子スダナは富豪ヴィドヴァーンスを善知識として、随意に福徳を生みだす如意功徳宝蔵《にょいくどくほうぞう》の法を知り、菩薩の功徳海《くどくかい》の源底《げんてい》をきわめて功徳の蔵の扉を開くことを念じながら旅をつづけて、都城のシンハポータ（獅子宮《しきゅう》）市に至り、偉大な富豪ラトナチューダ（法宝髻《ほうぼうけい》）を探し求めた。尋ね歩いたすえ、その偉大な富豪に出会ったのは町の市場の路上であった。

スダナは礼拝して告げた。

「聖者よ、教えを乞いにまいりました。わたくしは阿耨多羅三藐三菩提《あのくたらさんみゃくさんぼだい》（無上菩提）を求め、一切智者に向かう菩薩の道を行こうと発心しております。この菩薩の道をいかにゆき、いかにして修すべきでしょうか」

富豪はスダナの問いを嘉《よみ》して手をとり、自分の家につれていくと、「この家を見よ」と言った。その家は、ジャンブー河の黄金や瑠璃《るり》で造られ、光り輝いていた。それは広人な楼閣《ろうかく》で、門は八方に開かれ、階は十層だった。

第一層は食物や飲物が豊富にあり、人びとに整然と施されている。

第二層には衣服があり、やはり整然と人びとに施されていた。

第三層には、いろいろな宝飾の荘厳具《しょうごんぐ》があり、それも整然と人びとに施されていた。

第四層には、女性の従者たちがおり、優しい行と言葉が人びとに施されているのだった。

そして第五層には、第五地までの菩薩たちが雲集していた。菩薩の道には五十二の階梯があるのだが、そのうち最終の二段階（等覚《とうがく》・妙覚《みょうがく》）の前の十段階を十地、すなわち菩薩が衆生済度のために立つべき十の大地という。第五層には、その第一（歓喜地《かんぎじ》）から第五（難勝地《なんしょうじ》）までの修行が進んだ者たちが集まって仏法を語りあったり、陀羅尼《だらに》（仏の威力を保持する霊句）を誦《じゅ》したりしているのだった。

第六層には、般若波羅蜜《はんにゃはらみつ》を成就した第六地（現前地《げんぜんじ》）の菩薩たちが充満している。

第七層には、響忍《きょうにん》（忍耐の響き）の菩薩たちが充満していた。方便と智によって一切諸仏の法雲を聞持《もんじ》する菩薩たちである。

第八層には、不退転・常住の菩薩たちが充満していた。神力をもって一切の世界にゆき、一切の衆生、一切の法界を明瞭に照らして、一切諸仏の法を受持《じゅじ》する菩薩たちである。

第九層には、一生補処《いっしょうふしょ》の菩薩たちが充満していた。輪廻の迷いにつながれているのは、この一生だけで次にはさとりの世界にゆく菩薩たちである。

第十層には、一切の如来が充満していた。それら諸仏は、もとは発心《ほっしん》して菩薩の行を修し、衆《しゅ》生済度《じょうさいど》の誓願を成就して一切の世界に広がって法輪を転じ、一切衆生を教化している。

この十層の楼閣を見たスダナは富豪のラトナチューダに問うた。「聖者よ。この楼閣は聖者のいかなる善根の果報なのでしょうか」と。

＊

プージャーの功徳

良家の子よ。過去を臆念《おくねん》すれば微塵数《みじんじゅ》の劫《こう》のかなたにチャクラヴィチトラ（種種色荘厳輪《しゅじゅしきしょうごんりん》）という世があり、アナンタラシュミ・ダルマダートゥサマランクリタ・ダルマラージャ（無量光明《むりょうこうみょう》法界普荘厳王《ほっかいふしょうごんおう》）という如来がおられて、我が国の王がこの如来と多くのお弟子・信徒たちを園地に招いて供養したことがありました。

そのとき、この如来とお弟子・信徒たちが都城の市場に来られました。

私はプージャー（供養《くよう》）、すなわち如来とお弟子・信徒たちに尊びと祈りの供物をささげて功徳《くどく》を積みたいと思い、種々の楽器を奏で、香を薫じました。

プージャー（供養）の功徳は不思議です。その香の煙のなかから声が聞こえました。

「如来は不可思議である。時を超える智慧の塊をもつ一切智者への布施は、無量の果報をもたらし、その人を一切智者の如来と結びつけ、融合させるであろう」

それから私は、如来の威神力によって、三つのことに努めました。

一つには人びとの貧苦《ひんぐ》を除滅すること、一つには常に諸仏・諸菩薩と善知識に目を向けておくこと、一つには常に教えの聴聞を欠かさぬことです。

そうして無量の劫を経て、この果報を得たのです。

しかし、良家の子よ。

私はこの誓願を成就できたにすぎません。諸菩薩はさらに威大です。

良家の子よ。この南方の地にヴェートラムーラカ（藤根《とうこん》）という国があります。その国のサマンタムカ（普門《ふもん》）という都城にサマンタネートラ（普眼《ふげん》）という名の富豪がいます。香料をあきなう商人です。

行って問いなさい。菩薩の道はいかに学ぶべきか、いかにそれを修すべきかを。

＊

スダナ・クマーラ＝善財童子は富豪に礼拝して辞し、さらに南へ歩いていった。

菩薩の道をゆくには、喜捨をおこたらず、
諸仏・諸菩薩と善知識と法に心を向けておかねばならない。

⑯ 香料商サマンタネートラの療養の家

八方大路の癒し

大商主の子スダナは菩薩の誓願の力を新たにヴェートラムーラカ国の都城サマンタムカ市に行った。そこは一万の街衢《がいく》がある都市で、百千の小城がたち、高峻堅固な城壁に囲まれていた。その都の中央に大路が八方に広がる街頭があり、香料店の町になっている。そこに香料商人の富豪サマンタネートラがいた。

スダナは礼拝して問うた。「聖者よ。かの無上菩提《むじょうぼだい》への道は、いかにゆき、いかに修すべきか」と。

香料商人はこのように答えた。

＊

菩薩の道をいく者に幸あれ。

良家の子よ。私は人びとの病をよく知っています。風寒熱病・毒病・戦傷・火傷、鬼霊や幽鬼の憑《つ》き、呪詛《じゅそ》による病、不安・恐怖から生じる病など、私はあらゆる病を知り、治療することができます。十方衆生の病に苦しむ者がここに来れば、その病を私は治癒します。

良家の子よ。私は病を完治させた人びとを泳浴させ、身体に香油を塗って清浄にし、香と花と瓔《よう》珞《らく》（宝飾の鎖）と衣服を与え、種々の最高の味の食物や宝物を施して高貴に富める者とします。

そして、それぞれに法を説きます。

貪欲《とんよく》多き者には不浄観を、瞋恚《しんに》（怒り）多き者には慈心観を、愚癡《ぐち》（無知蒙昧《もうまい》）多き者には法相観を教え、それらの煩悩を断つために諸仏に供養して菩提心《ぼだいしん》（さとりを求める心）をおこし、大悲に目覚めるようにします。

人びとが普賢（普《あまね》く勝れた賢者）の菩薩行に向かうように、布施・持戒・忍辱・精進・禅定・智慧の六波羅蜜《ろくはらみつ》や、世の人を助ける方便波羅蜜を讃えて、一切の不善を離れて清浄ならしめたのち、それぞれの帰るべきところに戻します。

良家の子よ。私は栴檀《せんだん》・沈水《じんすい》など、あらゆる香料の調合に通じ、どんな人でも一切諸仏にまみえて供養し、その歓びを得ることができる香玉《こうぎょく》を調合することができます。それを令一切衆生《りょういっさいしゅじょう》普見《ふけん》諸仏《しょぶつ》承事《しょうじ》供養《くよう》歓喜《かんぎ》法門《ぼうもん》といいます。

良家の子よ。一心に仏に向かい、この香玉を一粒でも焚いて供養するときには、香雲は十方世界にたなびき、一切衆生を救護《くご》します。それとともに、一切の仏土を荘厳《しょうごん》して香の城郭を出現させ、欄楯《らんじゅん》も高殿《たかどの》も香の雲でつつみ、香の旗はひるがえり、月も香の雲にかかります。

しかし良家の子よ。

私はこの香料の法門を知るにすぎません。諸菩薩はさらに威大です。医薬の王である薬王菩薩たちは、その名を唱えるだけでも人びとの懊悩を除きます。薬王菩薩にまみえるなら、煩悩は滅し、仏法において一切智者の場に達するでしょう。

良家の子よ。この南方の地にターラドヴァジャ（多羅幢《たらどう》）という都城があります。その国の王アナラ（無厭足《むえんぞく》）に問いなさい。菩薩の道はいかに学ぶべきか、いかにそれを修すべきかを。

＊

スダナ・クマーラ＝善財童子は富豪の香料商に礼拝し、そのもとを辞した。

菩薩の道をゆく者は、その香気によって人びとの不安をやわらげ、恐怖を除いて身心の病を癒す。

⑰暴虐の王アナラの殺戮

地獄の刑場

大商主の子スダナは南海の国から国、村から村へと遍歴して都城のターラドヴァジャ市に至った。その町の人にアナラ王の居所を尋ねると、王は城の正殿の獅子座に坐し、王法（俗権の法）をもって治世にあたっているということであった。

「我らが王は人民に恩恵を施し、罪は罰し、諍訟《じょうそ》を断じ、不殺生・不偸盗《ふちゅうとう》・不邪淫《ふじゃいん》・不妄語等の十戒をもって統治せられています」と人びとは言う。

スダナが王城を訪れて拝すると、王は摩尼宝珠《まにほうじゅ》の王冠をいただいて金剛の獅子座《ししざ》に在った。その玉座は種々の宝玉の帳《とばり》をかけられ、周囲には無数の宝幢《ほうどう》が立てられている。

アナラ王は大勢力をもち、武威は諸方の敵軍を懲《ちょう》して恐れるところはなかった。諸般の政務は一万の大臣が分掌して遂行し、身辺は一万の勇将がかためている。

その王城には、罪人を罰する刑場もあった。刑吏の相貌は醜悪で、閻魔に仕える地獄の獄卒のようである。刑吏たちは真っ赤な眼を怒らせ、刀・斧・矛・槍・棍棒などの武器をふりあげ、怒声をあげて百千の罪人たちの恐怖をあおっていた。

スダナは罪人たちが王の前に引き連れられて罰せられるのを見た。盗みを働いた者、他人の財物を破壊した者、放火をした者、毒を盛って殺害した者、乱暴を働いた者、他人の妻と交わった者など幾百千の罪人が五本の綱で縛られて王の下に連れて来られるのを見た。

アナラ王の処罰は峻厳であった。手足を切断される者、耳や鼻を削がれる者、両眼をえぐられる者、首を刎《はね》られる者、全身を火であぶられる者、煮えたぎる油に漬けられる者など、罪人たちは厳しく荒々しく処刑されている。

スダナは、その処刑場に人の手足や眼球、耳たぶや鼻、頭がうずたかく積まれているのを見た。流された血は深さ三由旬《ゆじゅん》、幅や奥行きは幾由旬もの大きな池になってたまっている。頭や手足のない死体が百千も放置され、狼や野犬が食い荒らしている。烏や禿鷲や鷹も群がり貪り食っている。腐敗した死体は青黒く変色し、膨張し、蛆虫がわいている。

処刑は延々とつづいて、スダナの耳には罪人たちの呻き声や大声で泣き叫ぶ悲鳴が間断なく聞こえてくる。そのありさまはまるで衆合《しゅごう》地獄のようであった。

この恐ろしい殺戮《さつりく》を見てスダナは思った。

「この王は、ほんとうに良きミトラ（善知識）なのか」

アナラ王は極度に残虐である。世の善法を捨ててみずから大罪業をなしている。心は悪意に満たされて人の生命を断ち、痛めつけている。来世の報いを知らず、地獄・餓鬼・畜生の悪趣に堕ちるであろう。この悪逆の王が、どうして菩薩道の善知識でありえよう。

諸悪の清め

疑念がスダナの心にわいたとき、天の神々が空中に現れて告げた。

＊

良家の子よ。あの火焔の行者、婆羅門《ばらもん》のジャヨーシュマーヤタナ仙（第9のミトラ）の教えを忘失したのだろうか。

先の善知識、香料商のマンタネートラの教唆にも疑念を生じるというのだろうか。とらわれた心を開いてまっすぐに正すなら、何を疑い、怪しむことがあろう。

菩薩の方便は巧みであり不可思議である。

菩薩の智慧は不可思議であり、一切衆生を摂取して救済する。

智は不可思議であり、一切衆生の悪を調伏《じょうぶく》する。

良家の子よ。アナラ王に問いなさい。「菩薩の道を、いかに進むのか」を。

＊

神々の声に励まされてスダナは暴虐の王の前にすすんで礼拝した。

そのとき王は玉座から立ち上がり、スダナの手をとって王宮内に導いた。そして、この菩薩の道をゆく者を王座にすわらせ、「我が王宮を見よ」と言った。

アナラ王の宮殿は広大で、金・銀・瑪瑙《めのう》など七宝の城壁で囲まれ、幾百千の宝石で飾られた無数の尖塔や楼閣がそびえ、種々の宝玉の柱は高く並びたち、煌《きら》びやかな獅子の王旗は数知れず翻《ひるがえ》っている。その王宮の庭には瑪瑙で造成された池が涼しい水をたたえて静まり、周囲は清らかな宝石の木々につつまれている。そして、王宮に仕える幾千万の女官たちは皆、優雅で慈しみに満ちていた。

この美しい宮殿を見たスダナにアナラ王は語った。

＊

良家の子よ。もし私が悪逆の王なら、このように住居が清くあるだろうか。

良家の子よ。この世は悲しく、人は哀れである。

我が国の民は、多くの者が他の命を奪いながら生きている。あるいは他の者から盗み、愛欲におぼれて邪《よこしま》であり、虚言を吐き、他の人を貶《おとし》めたい思いから誹謗中傷し、その粗暴な言葉に誠はなく、貪欲《とんよく》にかられて安まらず、瞋恚《しんに》（怒り）を抱き、愚癡《ぐち》（愚かさ）の闇のなかにいる。それゆえ、凶暴・残忍であり、悪行の報いも知らずに大胆不敵である。

良家の子よ。私はこのような人びとが悪心を調御《じょうご》して自分を取り戻せるように、そして安らぎを得られるように、菩薩の大悲の威神力によって幻の獄吏を現し、幻の罪人たちを現して恐ろしい処刑のようすを見せるのである。

哀れにも殺生・偸盗・邪淫などの十悪をなしている我が国の民は、罪人が手足や頭を斬られたり、耳や鼻を削がれるのを見て戦慄《せんりつ》し、恐怖して、ようやくその深い罪の境涯から離脱できよう。

しかし良家の子よ。

私は、この菩薩の幻化《げんけ》の法門を成就したにすぎない。真に威大な菩薩は無生法忍《むしょうぼうにん》（あらゆる事象は空《くう》であり不生不滅《ふしょうふめつ》であるという真理）を体得して、じつのところは万物が幻の如くであり、それゆえ固定した善悪はないことを教えて、人はもちろん、虫や蟻にも害心を消滅させることができるのである。

良家の子よ。この南方の地にスプラバ（妙光《みょうこう》）という都城があり、マハープラバ（大光《だいこう》）という王がいる。行って尋ねよ。菩薩の道は、いかにゆくべきか、いかに修めるべきかを。

＊

スダナ・クマーラ＝善財童子は王に礼拝し、そのもとを辞した。

善知識に信をささげよ。
道は師友の言葉によって開かれる。

⑱マハープラバ王の廃亡と興隆

宮殿の煌めき

大商主の子スダナは幻の事象に惑わされることを自身に戒めながら町や村々を過ぎ、曠野をわたって旅をつづけると、前方に巨大な都城が見えた。付近の人に尋ねると、あれがスプラバ城だという。

スダナは歓喜し、「そこに私のミトラ（師友）がいる。行って菩薩の道を問いたい」と勇んでスプラバ城に近づくと、その大都城の周囲の濠《ごう》は香りのよい水を清く深くたたえ、底には金砂が敷きつめられている。その水面には大上の花のように清らかな青い蓮、赤い蓮、黄色の蓮、白い蓮が咲いていた。その水辺は金・銀・瑠璃《るり》・玻璃《はり》（水晶）などの七宝のターラ樹（椰子《やし》）の並木が七重につらなり、城壁は金剛石で輝いている。

その城壁に八つの門があり、城内は青い瑠璃を地面として八つの大街衢《だいがいく》があり、十億の坊が整然と区画されていた。ターラ樹の並木がつらなる大路・小路の両側にたつ家々の壁は種々の宝玉で造られ、かのジャンブー河の黄金と玻璃の高殿《たかどの》が無数に建てられ、宝飾された旗が数知れず、おだやかな風に翻《ひるがえ》っている。

この巨大で壮麗な王都の中央、八つの大路が放射状に交わるところにマハープラバ王の居城がある。その王城の周囲は四由旬《ゆじゅん》、種々の宝石をつけた七重の欄楯《らんじゅん》が延々とつづき、宝石の鈴を無数につけた宝網が七重にめぐらされて音を快く奏《かな》でており、七重のターラ樹の並木が涼しい風をわたっている。

この王城の内側には百千の楼閣が建ち、庭の池には清らかな色とりどりの蓮が咲き、水底には砂金が敷きつめられている。その蓮池のまわりでは木々に色とりどりの花や木の実がなり、美しい鳥の群れが飛びかって鳴きかわし、さながら天上の神々の宮庭のようであった。

その中央に王の宮殿があり、無量阿僧祇《むりょうあそうぎ》の摩尼宝珠《まにほうじゅ》で荘厳《しょうごん》されて燦然《さんぜん》と輝いている。この煌《きら》めきを見る者は皆、美しさに感動して嫌なことも忘れてしまうゆえに衆生楽見無厭《しゅじょうぎょうけんむえん》とよばれる宮殿であった。

王の威光

スダナは王都の宮殿に歩を進めて宝飾の煌めきを目にしたが、それに心を奪われることなく、ただ善知識のマハープラバ王にまみえて教えを受けることのみを願った。

その壮麗な宮殿には、さらに美麗な玉座が置かれている。その玉座は白い瑠璃の獅子像の上に置かれ、摩尼宝珠の衆宝と荘重な彫刻をもって荘厳され、上部はジャンブー河の黄金の天蓋でおおわれ、周りでは種々の伎楽《ぎがく》が華やかに演じられている。

その玉座に坐すマハープラバ王を拝すると、容姿は仏の三十二相八十種好《しゅごう》に準じる瑞相《ずいそう》をそなえ、身は真金色《しんこんじき》にして日輪のように明るく、満月が星々の空に照り映えるように輝いている。

この威光を王は須弥山《しゅみせん》の雪が四海を照らすごとく、大龍王の音声の雷震《らいしん》のごとく王都の街衢《がいく》にとどろかせている。

その街路には黄金の角をもつ牝牛が遊んで甘い乳を出し、街路を歩く億千の女性たちは天女のように美しい。その街路・巷に二十億の菩薩がいて人びとに恵みを垂れて煩悩を静め、邪見の棘《とげ》を抜き、人びとの心を清めているのだった。

王の述懐

スダナは王の尊厳に接して礼拝し、教えを求めた。

「我がミトラ、聖なる王にみ教えを乞います。わたくしは無上菩提をめざし、菩薩の道を求めてやってまいりました。菩薩の道はいかにゆき、いかに修すべきでしょうか」

王はこのように語った。

＊

良家の子よ。私は過去に無量不可説の諸仏・諸菩薩に詣でて大慈幢《だいじどう》（大いなる慈悲の旗）の菩薩行の法を受け、修習し、成就したのである。

この法によって私は国を治め、民を教化し、慈しみの心、慈しみの力を養い、安楽と快楽《けらく》を得させた。心身柔軟《しんじんにゅうなん》にして心の垢《く》を離れしめ、生死《しょうじ》の流れを断って深法海《じんほうかい》に入らしめ、一切の善をもって民の心を薫《くん》じ、信力堅固にして無壊《むえ》ならしめた。

良家の子よ。私は大慈の旗をかかげて国を治め、民の恐怖を除いた。もし貧窮の者が来れば蔵を開いて欲しいままに取らせて悪をなすことなく暮らせるようにし、我が王都の民を皆、大乗の仏道に進ませたのである。

我が王都の民は心が清浄となった。その清浄によって我が王都は荘厳され、輝かしく現れたのである。

しかるに、民の眼に映じる景色は同じではない。ここが小さな汚い城に見える者もある。瑠璃の地面も、ある者にはただの土である。街路には小石や砂利が撒かれているだけだし、急な坂や割れ目、尖った岩ばかりの危険なところだと思う者もいる。阿僧祇の宝石をもって荘厳した楼閣も、その者には土塊《つちくれ》の塔にすぎない。

良家の子よ。かつて我が領国に五濁《ごじょく》の悪世《あくせ》があった。世は衰えて民は天変地異や疫病・戦乱に苦しみ、邪見にとらわれて互いに傷つけあい、貪瞋痴《とんじんち》の煩悩熾盛《ぼんのうしじょう》にして安らがず、心は悪に染まって殺し・盗みなどの十悪をなし、寿命さえも縮めて多くの不善をなしていた。

そのとき私は民を哀れみ、世に順じるサマーディ（三昧《さんまい》）に入って菩薩の大慈に思念を集めた。私がこの順世《じゅんせ》の三昧に入ったとき、我が民の悪心・苦悩心・闘諍心《とうじょうしん》・害心は皆ことごとく除滅したのである。

良家の子よ。この三昧の威力を見よ。

＊

マハープラバ王はこのように告げて三昧に入った。すると、王都はどの場所も感応して震動し、黄金と宝石の網や木々や鈴が快く鳴り響いた。そして人はもちろん、森は揺れ、山も動き、川は流れを変えて王に礼拝するのであった。

そのとき一万の龍王が空に雲を湧きおこし雷光を閃《ひらめ》かせて香水《こうずい》の雨を王都にそそぎ、天帝インドラをはじめ一万の神々が空中に現れて伎楽を演じ、天女は歌い、天上の花々は降り、天の幢幡《どうばん》や傘《さん》蓋《がい》が無数に現れて王を讃えて荘厳したのであった。

また、無量百千の鬼神ラークシャサ（羅刹《らせつ》）の王たちも、大洋の底に潜む鬼神たちも、水界と陸上の悪獣たちも現れて王に礼拝した。この悪しき者たちは常に血を飲み肉を喰らっていたのだが、王の三昧の威力によって慈心をおこし、来世の報いを恐れて諸悪を離れた。それゆえ心身に無量の歓喜を得て、王に礼拝する。また、奪魂鬼など四天下（世界全体）の毒害の衆生が現れて王に礼拝するのだった。

この奇蹟を示した王は三昧から意識をおこし、スダナに語った。

＊

良家の子よ。私はこの大慈幢の菩薩行の三昧を知るだけである。真に威大な菩薩は、大慈の傘蓋で世を覆い、大悲の雲をおこして疾風のごとく速やかに衆生を一切智の城に入れる。

良家の子よ。この南方の地にスティラー（安住《あんじゅう》）という都城があり、アチャラー（不動《ふどう》）というクマリ（貴少女）の信女《しんにょ》（在家の女性信徒）がいる。

行って尋ねよ。菩薩の道は、いかにゆくべきか、いかに修めるべきかを。

＊

スダナ・クマーラ＝善財童子は王に礼拝し、そのもとを辞した。

心の正しい者に世界は明るく、
邪心の者に世界は暗い。

⑲ 聖少女アチャラーの香気の館

如来使の託宣

大商主の子スダナは旅をつづけながらマハープラバ王の大慈幢《だいじどう》（大慈悲の旗）と菩薩の順世三昧《じゅんせざんまい》の威力を臆念《おくねん》して歓喜・離欲・離垢・明浄《みょうじょう》・堅固・無畏・無尽の心を増し、良きミトラ（善知識）の恩恵に感涙を流した。

善知識は能《よ》く一切の功徳を生んで菩薩道を興起させ、三昧の光明を放って一切諸仏を現し、諸仏の法雲をおこして普《あまね》く慈雨をふらし、一切智の城を築いて一切法界の海を照らす。

善知識は菩薩の智慧光明を放って衆生の善根を長養し、能《よ》く険悪道を離れしめ、止路《しょうろ》を開示して普賢《ふげん》（普《あまね》く勝れた賢者）の慈悲行に向かわしむ。

スダナがこのように善知識の徳性を思惟したとき、その三昧の光のなかに天上の神々の群れが如来の使者として現れて告げた。

＊

良家の子スダナよ。善知識の教示にしたがう人を諸仏は祝福します。その人に一切智者性が近づき、その人の前に幸いが来るでしょう。

良家の子よ。たゆまず歩んで都城のスティラー市に行き、クマリのアチャラー信女に会いなさい。

＊

天の如来使の託宣《たくせん》を受けたスダナは三昧の光の中から出てスティラーに向かい、到着して町の人に尋ねると、アチャラー信女は父母の家にいて、人びとに法を説いているという。その家は金色の光を放つ宮殿で、その光は人を晴れ晴れと心身爽快にするのだった。

少女アチャラーの容姿

アチャラー信女の家の門を入って光を浴びたとき、スダナは覚一切奇特幢三昧《かくいっさいきとくどうさんまい》（あらゆるものを自在に覚知する旗を掲げるサマーディ）、寂静三昧《じゃくじょうさんまい》（さとりの静まりを持続するサマーディ）など、五百の三昧の門に入り、心身は受胎七日にヴィジュニャーナ（識《しき》）が芽生えたころの原初に戻されたかのようであった。

そのとき不思議な芳香がただよい、スダナをつつんだ。その香りは天女のものでもなく、龍女や霊鳥ガルダ（金翅鳥《こんじちょう》）の娘の放つ香りでもなく、空中の妖精たちの香りでもなかった。

その芳香につつまれてスダナは邸内を進み、アチャラー信女に礼拝して姿を見ると、天龍八部の神々や精霊たちの女性にもかなうものはない美しさであった。クマリの容姿の優れていることは十方の天界にも等しいものはない。そして、あたりにただよう芳香は、その口から出ているのだった。その容姿の美しさと香気によって、アチャラー信女を拝する者は煩悩を除滅し、あたかも物質界の至高神ブラフマー（梵天《ぼんてん》）の前に立ったかのように、その尊厳に心をうたれるのであった。

星々の空

スダナはアチャラー信女にまみえて告げた。

「無垢《むく》の戒を守って星々のなかの満月のように輝くクマリ、山々の王のように世を超えて輝くクマリに、み教えを乞います。わたくしは無上菩提をめざし、菩薩の道を求めてやってまいりました。菩薩の道はいかにゆき、いかに修すべきでしょうか」

「良家の子よ。わたくしは菩薩の無壊《むえ》の法門に入り、菩薩の行を堅固に修して一切法の平等の総持《そうじ》（陀羅尼《だらに》）を得、求法《ぐほう》に倦むことなきを得て離有荘厳三昧《りうしょうごんさんまい》を成就したのです」

「聖なるクマリよ。その境界はどのようなものでしょうか」

「それは説きがたく、信じがたいものです」

「我がミトラ、聖なるクマリに乞います。願わくばお説きください。わたくしは仏の神力を承《う》けて信知できますよう、一心に随順して虚妄《こもう》を離れ、平等の三昧を解了《げりょう》いたします」

スダナの願いを容れてアチャラー信女はこのように語った。

良家の子よ。遠い過去にヴィマラプラバ（離垢光《りくこう》）という世がありました。プラランハバーフ（修臂《しゅひ》）という仏の世です。ときに王国があり、わたくしはその国のヴィデュッドダッタ（電授《でんじゅ》）王の王女でした。

＊

ある日、夜は更けて宴の歌舞・音楽は終わり、王城の門も閉ざされた静寂のしじまに、父王も母妃も家臣・女官たちも寝静まったとき、わたくしは独り高楼に登って星々がめぐる夜空を仰ぎました。すると、その星々の空にプラランハバーフ如来の姿が見えたのです。

如来の姿は山のように大きく、周囲には天龍八部の護法の神々と精霊・鬼神たち、それに菩薩たちが数知れず従っていました。

如来は身体から光明を放って十方を照らし、毛孔《もうく》から芳香を出して空中を満たされました。その香りをかぐと、わたくしは身心ともに爽快になり、心は歓喜して、一心に合掌していたのです。そして如来の頭頂を仰ぎますと、それは果てしなく高く、三十二相八十種好《しゅごう》の瑞相はいつまで拝しても思慕の尽きることのない厳《おごそ》かさでした。

わたくしは思いました。「如来の御姿のなんと美しく、香りのなんと清々しくふくよかであることか。どのように修行すれば、このような徳性を得られるのだろうか」と。

そのとき如来は、わたくしの道心を知り、み言葉を下されました、

「王家の娘よ。壊されることのない心をおこして煩悩を除きなさい。懈怠《けだい》の心を廃して随順して深

く方便（救いの手立て）の法に入り、忍辱《にんにく》の心をおこして衆生の悪心海を静めなさい。厭倦《えんけん》の心をなくして一切諸仏の法雲を飲み、一切諸仏の法輪を護持して、衆生を歓びに導きなさい」

わたくしは、このときから如来の清浄の門に入り、如来の十力、不虚《ふこ》の言葉、光明の荘厳、国土の厳浄《ごんじょう》、そのほか如来の多くの徳性を求めました。

それから時はたち、微塵《みじんじゅ》数の劫において、わたくしは一切の欲心を離れ、一切の諸仏諸菩薩・善知識を見つめて随順してきました。

そして今、わたくしは無壊の法門において一切法の平等陀羅尼（仏の威力を保持する霊句）を思念し、自在神変を顕現することができるのです。

良家の子よ。その神変を見たいと望みますか。

＊

スダナが「見せていただきたい」と答えると、アチャラー信女は瞑想に入り、種々一万もの三昧に思念を集中した。いわゆる離癡《りち》三昧門・十力《じゅうりき》三昧門・仏無尽《ぶつむじん》三昧門等である。

そのとき十方世界は縦横・上下など六種に震動し、瑠璃のごとく清浄となり、その無量不可説の国土の一つ一つに如来がいて神々や精霊たちや諸菩薩を従え、それぞれ光明を放って十方世界をくまなく照らしているのだった。

「良家の子よ。あなたに十方世界の諸仏が見えましたか」

「クマリよ。たしかに」

そしてアチャラー信女はスダナに、このように告げた。

＊

良家の子よ。わたくしはこの無壊の法門を成就して世の人びとに歓びを与えることができるだけです。真に威大な菩薩たちは十方世界のどこにでも自在に現れて、金翅鳥《こんじちょう》の王が衆生海の源底に潜るように人びとを生死の海から救います。あるいは商人が船団を率いて宝の島に向かうように如来の十力の宝を求めて生死の海をゆき、あるいは漁師のように網を引いて渇愛の衆生を救いとります。あるいは天の神々のように鬼神アスラ（阿修羅）の騒擾《そうじょう》を鎮め、あるいは疾風のごとく衆生の煩悩の樹木の枝葉や蔓をはらい、あるいは大地のごとく一切衆生の善根を長養します。

良家の子よ。この南方の地にアミタトーサラ（無量都薩羅《むりょうとさら》）という国があり、トーサラ（都薩羅）という都城があります。そこにサルヴァガーミン（遍行《へんぎょう》）という遊行《ゆぎょう》の聖《ひじり》がいます。行って尋ねなさい。菩薩の道は、いかにゆくべきか、いかに修めるべきかを。

＊

スダナ・クマーラ＝善財童子は信女に礼拝し、そのもとを辞した。

菩薩の道をゆく者は天の神々に守護され、
十方諸仏の光に身心を清められる。

⑳ 遊行の聖サルヴァガーミンの峰

スラバ山の聖人

大商主の子スダナはアチャラー信女の教誡を憶念しながら国々や町々、村々を通過してアミタトーサラ国に向かって旅をし、日没にトーサラ都城に到着した。そして城内の街路から街路をめぐって遊行者サルヴァガーミン聖人《しょうにん》の居所を求めた。そうして深夜に至って中央の十字街頭に立ったとき、北方の大きな山の峰が朝日のように光っていた。スラバ（善得《ぜんとく》）という名の山である。

スダナは「あの山の峰に聖人がいる」と確信し、町を出てスラバ山に行った。そして、山を登り遙かに山上を見ると、聖人の姿は大梵天王にまさる尊さであり、威光で光り輝いて、万の天の神々に囲まれていた。

スダナは聖人に礼拝し、合掌して教えを求めた。「わたくしは無上菩提をめざし、菩薩の道を求めてやってまいりました。菩薩の道はいかにゆき、いかに修すべきでしょうか」と。

聖人はこのように語った。

＊

良家の子よ。私は遊行者で、どこにでもおもむく至一切処《しいっさいしょ》の菩薩行を修した。そして、すべてを見透す普観三昧《ふかんさんまい》の法門と、何に頼らずとも自在におもむく無依無作《むえむさ》の神足《じんそく》を成就し、普《あまね》く法界を照らす般若波羅蜜《はんにゃはらみつ》の智の光明の法門を得た。

それゆえ、私には一切の諸趣《しょしゅ》（六道輪廻のあらゆる場所）が見える。人びとは、ここで死に、かしこで生まれ、いろいろな境遇を流転《るてん》していく。

良家の子よ。命あるものは、いろいろな種に生まれ、姿も本能の欲望も異なっている。いわゆる天龍八部の天界のデーヴァ（神々）、水界のナーガ（龍）、悪鬼ヤクシャ（夜叉《やしゃ》）、楽神ガンダルヴァ（乾闥婆《けんだつば》）、戦闘の鬼神アスラ（阿修羅《あしゅら》）、霊鳥ガルダ（金翅鳥《こんじちょう》）、半身半獣の楽神キンナラ（緊那羅《きんなら》）、蛇神マホーラガ（摩睺羅伽《まごらが》）などに生まれ、あるいは地獄・餓鬼・畜生・人間など六道の境遇に生まれる。これら人も、人以外の者も、衆生には邪見にとらわれたままの者もあれば、声聞《しょうもん》・縁覚《えんがく》の二乗（小乗）の仏道を修する者もあり、大乗の仏法を求めて衆生を救いたいと願う者もいるのである。

良家の子よ。私はこのトーサラの人びとを哀れみ、すべての人が仏の無壊の功徳を得られるようにしたいと思った。私はこのトーサラ城内のあらゆる街路や辻、家々の前に立ち、老若男女のそれぞれに応じて法を説いて仏道に導いた。人びとはその道をゆき、もはや私がそこにいたことさえ知らない。

ところで、このジャンブ州（閻浮提《えんぶだい》）、すなわち我らの世界には九十六種の異教・邪見の徒がいる。

かれらとは見解が同じではない。しかし私は、かれらのために種々に法を説き、その邪見を断つ。

良家の子よ。私はジャンブ州のすべての村と町、国々に行って、このトーサラ城内の人びとに利《り》益《やく》がもたらされたのと同じようにする。さらに三千大千世界（全宇宙）の十方一切の衆生海におもむき、種々の智の方便をもって化度《けど》し饒益《にょうやく》すること、また同じである。

しかし私は、この至一切処《しいっさいしょ》の菩薩行の法門を知るにすぎない。真に威大な菩薩たちは変化《へんげ》の相をもって衆生に合わせた姿をとりながら遊行し、普《あまね》く一切衆生の前に現れ、悉《ことごと》く善根を長養せしむ。無尽大悲《むじんだいひ》の蔵をもって三世平等に無我界を照らす。

良家の子よ。この南方の地にプリドラーシュトラ（広大）という国がある。そこにウトパラブーティ（優鉢羅華《うはつらか》）、青い蓮華の香りという香料商の富豪がいる。

行って尋ねよ。菩薩の道は、いかにゆくべきか、いかに修めるべきかを。

＊

スダナ・クマーラ＝善財童子は遊行の聖に礼拝し、そのもとを辞した。

菩薩は異教の町にも行き、
人びとを仏道に導く。

㉑香料商ウトパラブーティの香霞の国

香の効能

大商主の子スダナは旅をつづけた。身命を惜しまず、世間の五欲（財欲・色欲・飲食欲・名誉欲・睡眠欲）に著《じゃく》せず、眷族の栄誉・繁栄に著せず、常に一切衆生の教化・救済を願い、一切の菩薩・諸仏の功徳を求めてプリドラーシュトラ国に到着して香料商の富豪ウトパラブーティに会い、礼拝して問うた。「聖者よ。かの無上菩提への道は、いかにゆき、いかに修すべきか」と。

香料商人はこのように答えた。

＊

良家の子よ。私はあらゆる香を知っています。

香には抹香《まっこう》・線香・塗香《ずこう》・散香《さんこう》・香水《こうずい》などの種々があり、用法と効能はさまざまです。

香には疾病を癒し、憂《う》さを晴らす効能があります。なかには人びとの欲情や放縦をあおって煩悩をさかんにし、不安をもたらす香もありますが、よく調合すれば煩悩を消し、心を静めます。そして菩薩は、放逸を離れて諸仏を念じ、正しい道に人を導く香料を所持しています。

良家の子よ。世に象蔵《ぞうぞう》とよばれる香料があります。それは象と龍の戦い（龍闘）より生じたもので、小さなごま粒ほどの丸香を一粒でも焚《た》けば、このプリドラーシュトラ国全体を光り輝く香雲でおおい、七日七夜にわたって香水の雨を降らせます。そのとき、香水の雨に浴した人びとの衣服も家々も金色に輝きます。屋内にいる人でも、空をわたる風が運ぶ香りをかいで歓びに満たされ、どんな病も癒え、懊悩《おうのう》は消え、恐怖《くふ》危害《きがい》の心を遠く離れて大慈大悲に目覚めます。そのとき私は人びとに仏の教えを説き、かの無上菩提への道に入れます。

良家の子よ。あの離垢《りく》の山マラヤ（摩羅耶山《まらやさん》）に産する牛頭栴檀《ごずせんだん》（ビャクダン）の香は、それを身に塗れば火坑《かきょう》に落ちても焼かれません。

また、大海の海辺に産する不可壊《ふかえ》という香があります。それを軍鼓《ぐんこ》に塗れば、その轟《とどろ》きをもって敵の全軍を敗退させます。

また、雪山《せっせん》（ヒマラヤ）の北方、龍王が棲む清涼の湖アナヴゥタプタ（阿耨達池《あのくたっち》）の湖岸に産する蓮華蔵《れんげぞう》・黒沈水《こくじんすい》という香があります。そのごま粒ほどの丸香を一粒でも焚けば普《あまね》くジャンブ州（閻浮提《えんぶだい》）を薫《くん》じ、衆生をして一切の悪を離れしめ、清浄《しょうじょう》の戒を具足《ぐそく》せしめます。

また、雪山の頂きに産する明相《みょうそう》という香があります。それをかげば、もろもろの垢染《くぜん》を離れて心は清浄となります。その人に私は教えを説いて、ことごとく菩薩の離垢円満《りくえんまい》の三昧（心がまったく静かな状態）を得させます。

また、鬼神ラークシャサの国（羅刹界《らせつかい》）に産する海蔵《かいぞう》という香があります。それは世を統《す》べる転《てん》輪聖王《りんじょうおう》の要請によって生じた香料で、もし一粒でも薫じれば聖王の四方軍が空中に出現して降魔の隊列を組みます。

また、清浄 荘厳《しょうじょうしょうごん》という香があります。それは天の神々の会堂スダルマ（善法堂《ぜんぽうどう》）に産する香料で、もし一粒でも薫じれば、神々は諸仏を念じる三昧に入ります。

また、浄蔵《じょうぞう》という香があります。それは欲界にあるヤーマ神たちの国（夜摩天《やまてん》）に産する香料で、それを薫じれば、ヤーマ神群は皆、その王のもとに行って教えを受けます。

また、先陀婆《せんだば》という香があります。それは須弥山上空の天界トゥシタ（兜率天《とそつてん》）の宮殿に産する香料で、いつも一生補処《いっしょうふしょ》の菩薩（次に生まれるときには仏になる者）たちの座の前に置かれています。もし一粒でも薫じれば大香雲をおこし、普く十方の法界をおおって無量の荘厳をもたらし、一切の諸仏とその眷属に献じられます。

また、転意・魅惑《みわく》という香があります。それは欲界の最上位にある第六天の魔王波旬《はじゅん》（パーピーヤス）の住処である他化自在天《たけじざいてん》に産する香料で、もし一粒でも薫じれば、その天界において七日七夜、荘厳の雨をふらせます。

しかし、良家の子よ。

私はこれらの香料の調合法を知っているにすぎません。真に威大な菩薩たちは一切の不善の習気《じっけ》を遠離《おんり》して衆魔を降伏《ごうぶく》し、智慧の妙香《みょうこう》をもって自らを荘厳しています。菩薩たちは、無礙《むげ》の戒香を所持して障礙《しょうげ》を除滅し、智慧の境界に通達して心は常に平等です。

良家の子よ。この南方の地にクーターガーラ（楼閣《ろうかく》）という都城があり、ヴァイラ（婆施羅《ばせら》）という自在な船乗りがいます。

行って尋ねなさい。菩薩の道は、いかにゆくべきか、いかに修めるべきかを。

＊

スダナ・クマーラ＝善財童子は香料商に礼拝し、そのもとを辞した。

菩薩は種々の香を薫じ、
人びとの心を静かにする。

㉒航海士ヴァイラの大海

智の海の門

大商主の子スダナは都城のクーターガーラ市をめざして旅をつづけた。その街道には下り坂もあれば上り坂もあり、平坦な道も穴だらけの道も、塵挨《じんあい》が舞う荒廃した道も清掃のゆきとどいた道も、危険な道も安全な道も、曲りくねった道も真っすぐな道もあった。

スダナは思った。「ミトラ（友）よ、菩薩の道は善知識によって顕れ、成就のパーラミター（波《は》羅蜜多《らみった》）への道が開かれるだろう」と。

善知識は人びとを愛憎の断崖絶壁から引き戻す標となり、煩悩の塵挨を静めて不善の見解を消し、道路の砂利や小石を除いて一切智の城に至らせる。善知識はあらゆる善法の鉱脈であり、諸仏の一切智は善知識によって近づいてくる。

スダナはこのように念じながら道をゆき、クーターガーラ市に近づいたところで船乗りのヴァイラを探した。

その城塞の門の前に多くの船が停泊する港があり、波止場に大勢の人が集まっていた。見ると、真ん中にヴァイラがいて、みんなが話を聞いているのだった。

それは幾百千の商船主たちや幾百千人とも知れぬ群衆で、ヴァイラは勝れた航海士であり入大海《にゅうだいかい》の法（安全な外洋航海術）と仏功徳海《ぶつくどくかい》の法（仏の功徳の海を渡る法）を話しているのだった。

スダナは航海士のヴァイラに礼拝して教えを求めた。「海師《かいし》よ。かの無上菩提への道は、いかにゆき、いかに修すべきか」と。

航海士ヴァイラはこのように答えた。

＊

良家の子よ。私は大悲幢浄行《だいひどうじょうぎょう》（大悲の旗という清浄な菩薩行）を成就し、この大海の岸辺の町にいる。

私は、このジャンブ州（閻浮提《えんぶだい》）の貧窮《ひんぐ》の者たちのために難行を完遂して、かれらの願望を叶《かな》え、世間の財物を享受させた。

そのうえで、かれらに福徳の資糧《しりょう》の道を示し、智の蔵を増強して菩提心を生じさせ、輪廻の衆生海を出る功徳海の門を造立して諸仏の一切智の海に向かわせる。

良家の子よ。私は世の人びとに利益と安楽を与えるため、この大海にある宝島をすべて知っている。あらゆる宝石の鉱山も、その鉱脈も知っている。

私はまた、あらゆる龍宮の所在を知るとともに一切の龍難（海難）を鎮める法を知る。すべての鬼神ヤクシャ（夜叉《やしゃ》）の宮殿、すべてのラークシャサ（羅刹《らせつ》）の宮殿、すべての鬼霊の宮殿を知るとともに恐怖と妨害を鎮める法も知っている。

私は渦潮・逆波の恐怖を捨てて波浪を避けることを知り、潮の色を見わけ、日月星宿《にちがつしょうしゅく》を知り、昼を知り夜を知り、進むべき時と退くべき時を知り、外洋船の構造と操作を知り、風相を見きわめて船を操作し、めざす港に渡航する。

良家の子よ。この航海法を知る私は、衆生を利益《りやく》するために大海に船出する。貿易の商人たちは堅固な船で願いどおりに宝の島に渡航し、持てるだけの宝を持ってジャンブ州に帰還させよう。どんな荒海でも我が船団に毀損した船はない。

そうして生死の怖れを離れた人びとを、私は諸仏の一切智の海に出航させる。そして愛欲の海を乾かし、過去・現在・未来の三世の海を照らす智の光明を掲げて、一切の苦海を渡らせる。そのとき、一切衆生の心海《しんかい》は清浄となり、一切諸仏の国土海《こくどかい》を厳浄《ごんじょう》する。

私は遍《あまね》く十方の海に行って一切衆生の諸根願海《しょこんがんかい》を知り、それぞれの性格と願いと行為するところに応じて生死の海を渡すのである。

しかし、良家の子よ。

私はこの大悲幢浄行の法門を成就したにすぎない。真に威大な菩薩たちは生死煩悩《しょうじぼんのう》の大海において染著《せんじゃく》するところなく、邪見の海を離れて実法（真実）の海に入る。勝れた方便をもって衆生海の放逸を滅し、よく分別して時を失わず。

良家の子よ。この南方の地にサンディハーラ（可楽《からく》）という都城があり、ジャヨーッタマ（無《む》上勝《じょうしょう》）という富豪がいる。
行って尋ねよ。菩薩の道は、いかにゆくべきか、いかに修めるべきかを。

＊

スダナ・クマーラ＝善財童子は良き航海士に礼拝し、そのもとを辞した。

菩薩は生死の荒海を渡る法を知り、人びととともに智の海に入る。

㉓富豪ジャヨーッタマの森

浄行荘厳・無依の法門

大商主の子スダナは大慈を増広し大悲を潤沢にし、さらに菩薩の正道《しょうどう》を求めて都城のサンディハーラ市に向かった。

その町には城塞の東に、憂いをなくす樹木だというアショーカ（無憂樹《むゆうじゅ》）の森があり、とりわけすがすがしい園林であることからヴィチトラドヴァジャー（大荘厳幢《だいしょうごんどう》）のアショーカの森とよばれていた。

富豪ジャヨーッタマは、その森にいて、幾千無量の身なりのよい人びとに囲まれていた。かれらに富豪は、国事・施政のありかたを説くとともに、それぞれの地位や身分・財産などの一切有《いっさいう》（すべての物質的なもの）を離れ、嫉妬《しっと》を遠離《おんり》して心海《しんかい》を清めるように諭していた。

浄心《じょうしん》に安住すれば常に諸仏を見る。無垢《むく》の信力を得て諸仏の法を受け、菩薩の力を発揮することができるのである。

スダナは富豪ジャヨーッタマに礼拝して告げた。

「聖者に教えを乞いにまいりました。わたくしの名はスダナ、かの無上菩提に至る菩薩の道を求めております。あらゆる劫においてい人びとのなかにあって、倦《う》み疲れることなく菩薩の行を為し、一切諸仏の自在神力を受けて進むには、いかに学び、いかに修すべきでしょうか」

富豪ジャヨーッタマは、このように語った。

＊

良家の子よ。私はどこにでも行くことができる菩薩の浄行荘厳《じょうぎょうしょうごん》の法門を成就しました。また、何ものにも依存せず、何にも頼らずに自立して行き、災いを招く業《ごう》を作ることもない無依《むえ》・無作《むさ》の法門を得て、あらゆる場所におもむき、菩薩の行によって、そこを清めます。

この三千大千世界（全宇宙）の一切の世界に私は行きます。地獄道や餓鬼道にも、迦楼羅《かるら》・夜叉《やしゃ》・羅刹《らせつ》・鳩槃荼《くはんだ》・乾闥婆《けんだつば》などの鬼神や魔神・魔物の世界にも、神々の天界や龍たちの水界にも私は行きます。すべて人間界の国々の町や村々にも私は行きます。

私はそれらの場所で法を説いて諍訟《じょうそ》をなくします。いろいろな恚害《いがい》の心（怒りにまかせた攻撃心）につながれて獄にいる人は、その縛《ばく》を解きます。

いろいろな恐怖・不安を離れて不善を為さず、殺生を遠ざけ、邪見を滅して衆生の諸悪を除滅します。

いろいろな異教の徒には、かれらに従い、かれらに応じて法を説いて邪見を離れさせ、仏法を求めさせること、地下の世界から上は至高の梵天に及びます。

良家の子よ。十方微塵数の世界において、地獄・餓鬼・畜生などの悪道の苦を滅じ、世間に菩薩の道を顕し、衆生をして生死の悪と苦を離れしめます。

しかし、良家の子よ。

私は菩薩の浄行荘厳と無依・無作の法門を成就したにすぎません。真に威大な菩薩たちは、さらに神力自在で、その身は仏の国土と同様に大きく広がり、だれにでも通じる言葉で語り、明浄《みょうじょう》の智慧は三世の法界を照らします。その境界は無量であり、晴れた大空のように澄みきっています。

良家の子よ。この南方の地にシュローナーパラーンタ（輸那《ゆな》・難忍《なんにん》）という国があります。その都のカリガヴァナ（迦陵迦林《かりょうかりん》・闘諍時林《とうじょうじりん》）という都城にシンハヴィジュリンビター（獅子奮迅《ししふんじん》）という比丘尼《びくに》（尼僧）がいます。

行って尋ねなさい。菩薩の道は、いかにゆくべきか、いかに修めるべきかを。

*

スダナ・クマーラ＝善財童子は富豪ジャヨーッタマに礼拝し、そのもとを辞した。

菩薩は世間の法も説いて人びとに福利をもたらし、
どこにでも顕れて人びとの苦しみを取り除く。

㉔比丘尼シンハヴィジュリンビターの法会

樹下の法座

大商主の子スダナは旅をつづけた。そして都城カリガヴァナ市に近づいて尼僧のシンハヴィジュリンビター比丘尼《びくに》の所在を尋ねると、幾百人もの男女の人びとが集まってきて言うには、その城内にスーリヤプラバ（日光園）という林園があり、比丘尼はそこにいて人びとに法を説いているということであった。

それは王が寄進した広大な林園で、さまざまな樹木が茂っていた。楼閣の形でそびえて満月の光を放つ木々、天蓋《てんがい》のような大きな葉で瑠璃色の雲のようにあたりをつつむ木々、天高くそびえて花々を雨のように降らす木々、宝石のような果実を無数につけている木々、快い音を奏でている木々、清らかな香りをただよわせている木々などが亭々と茂って、神々の帝王インドラの天空の都の植栽のようであった。

この森のなかには泉と湖があり、池もつくられていた。その池は金・銀・瑪瑙《めのう》などの七宝の煉瓦で正確に四方形につくられており、四方に階段がある。底は青い瑠璃《るり》でかためｊ、かのジャンノー産の金沙が撒かれている。そして冷涼・甘味・芳醇・癒など八つの良い性質のある八功徳水《はっくどくすい》で満たされ、水面には青い蓮や赤い蓮、白い蓮が咲き、鳥の群れが快い声で鳴きかわしているのだった。

その涼しい池の周囲には七宝のターラ樹（椰子《やし》）の列が数多く整然と並んで亭々とそびえ、涼しい木陰をおとしている。その一本一本の宝樹の根元に、それぞれ十万の宝玉の座があり、シンハヴィジュリンビター比丘尼《びくに》が参集する人びとに法を説いていた。

それは獅子奮迅《ししふんじん》の菩薩の善業《ぜんごう》によって生じた現象であり、天龍八部の神々と精霊・鬼神たちも、人も人以外の生き物も、無量の衆生がスーリヤプラバの林に集まり、しかも広々と分散して比丘尼の説法の座に着しているのだった。

一つの樹木の下ではマヘーシュヴァラ（大自在天《だいじざいてん》）の住居である浄居天《じょうごてん》において眷族《けんぞく》の神々が比丘尼を囲んで法を聞き、別の一つの樹木の下ではブラフマー（梵天《ぼんてん》）の眷族、また一つの樹木の下では第六天の魔王パーピーヤス（波旬《はじゅん》）の眷族、さらには天空の三十三天の神々が眷族とともにそれぞれに樹下の比丘尼を囲み、それぞれの法座に列しているのだった。

また、龍の諸王とその眷族たちも、武神ヴァイシュラヴァナ（毘沙門天《びしゃもんてん》）や鬼神ヤクシャ（夜《や》叉《しゃ》）の諸王、霊鳥ガルダ（迦楼羅《かるら》）、空中の精霊ガンダルヴァ（乾闥婆《けんだつば》）やキンナラ（緊那羅《きんなら》）の諸王らも眷族とともに、それぞれ樹下の比丘尼を囲む法座に列している。

また、出家の聖者の道をゆく声聞・縁覚の修行僧たちも、それぞれ樹下の比丘尼を囲む法座に列している。また、菩薩の道の求法者たちも、それを歩みはじめた新発意《しんぼち》の段階から第十位の菩薩に至るまで、それぞれ樹下の比丘尼を囲む法座に列している。

シンハヴィジュリンビター比丘尼はスーリヤプラバの林園に入ってくる者たちに、それぞれの座を設けて、それら樹下の法座は無数に展開し、その全ての中心に比丘尼は坐して、それぞれに適した教えを説き、阿耨多羅三藐三菩提《あのくたらさんみゃくさんぼだい》（無上菩提）に至る道において不退転ならしめているのだった。

一切智底・微細分別の法門

スダナは一つの樹下の法座に近づき、比丘尼に礼拝して告げた。

「尊い比丘尼に教えを乞いにまいりました。かの無上菩提への菩薩の道は、いかにゆき、いかに修すべきか、尊者よ、お教えください」

「良家の子よ。わたくしは菩薩の一切智底《いっさいちてい》の法門を成就し、あらゆる慢心《まんしん》を打ち破る除滅一切微細《じょめついっさいみさい》分別《ふんべつ》の法を得たのです。智光荘厳《ちこうしょうごん》にして、一念のうちに普《あまね》く過去・現在・未来の三世を照らします」

「尊い比丘尼よ。その智の光によって見えるのは、どのような境界なのでしょうか」

スダナの問いに比丘尼はこのように語った。

＊

良家の子よ。わたくしがこの法門に入るとき、現前に一切の法林三昧《ほうりんさんまい》が生じます。そのとき十方世界の須弥山《しゅみせん》の上空にある兜率天《とそつてん》に住する者たちが、それぞれの世界の一生補処《いっしょうふしょ》の菩薩（次には仏になる者）に詣でて恭敬《くぎょう》し礼拝し、微塵数不可説《みじんじゅふかせつ》の分身をだして一人ひとりの菩薩に供養します。その無数の分身、すなわち天の神々、水界の龍たち、武神ヴァイシュラヴァナ（毘沙門天）や鬼神ヤクシャ（夜叉）たち、空中の精霊ガンダルヴァ（乾闥婆）やキンナラ（緊那羅）などの神霊・鬼神、および人びとは、花々や薫香の雲をささげ、傘蓋や灯明をさしだして一生補処の菩薩に供養します。

良家の子よ。この兜率天宮におけると同じように、地上に出生して菩薩の道を成就し、神霊・鬼神および人と人以外の生き物のなかで法を説く諸仏に、わたくしは敬いをささげて供養します。

良家の子よ。わたくしは我が林園に来る者があれば、その人のために般若波羅蜜《はんにゃはらみつ》（智の成就）の法を説きます。

良家の子よ。わたくしは智の眼《まなこ》によって、一切衆生を見ることができます。そして、わたくしは、かれらを劣った衆生だと思うことはありません。わたくしは慢心をいだくことなく衆生を見て、かれらの言葉を聞き取ります。

わたくしは一切諸仏を拝しても、諸仏にとらわれずにいます。それは深く法身《ほっしん》（諸仏の真実の姿である空《くう》）を知るゆえです。

わたくしは一切諸仏の法輪《ほうりん》を保持して、しかも法輪を保持しているという思いをもつことはありません。それは諸仏の真実相（すべては空であること）を知るゆえです。

しかし、良家の子よ。

わたくしは、この一切智底、除滅一切微細分別の法門を成就したにすぎません。真に威大な菩薩たちは法界を究竟《くきょう》して何ものに著《じゃく》することもありません。一つの場に結跏趺坐《けっかふざ》したままで法界に充満し、自身の身体に一切の仏刹《ぶっせつ》（仏の国土）を現し、一刹那《せつな》のうちに一切諸仏に往詣《おうけい》します。良家の子よ。この南方の地にドゥルガ（険難《けんなん》）という国があり、ラトナヴューハ（宝荘厳《ほうしょうごん》）という都城があります。そこにヴァスミトラー（婆須蜜多《ばしゅみった》）という名の遊女がいます。行って尋ねなさい。菩薩の道は、いかにゆくべきか、いかに修めるべきかを。

＊

スダナ・クマーラ＝善財童子は比丘尼に礼拝し、そのもとを辞した。

菩薩は安らぎの林を設けて来る人びとを助け、
しかも助けているという意識をもたない。

㉕遊女ヴァスミトラーの貴女の館

絶世の美女

大商主の子スダナは智慧の光に心を照らされながら道をゆき、都城ラトナヴューハ市に到着した。城郭の門を入って町の人にヴァスミトラー御前《ごぜん》の居所を尋ねると、スダナの気品が高いのを見て人びとは訝《いぶか》った。「このようなクマーラ（貴少年）が遊女に何の用があるのか」と。

しかし、ヴァスミトラーの徳性を知る人はスダナに言った。

「幸いなるクマーラ、よく深智《じんち》の貴女のところに来られました。仏を求めるあなたは、人びとの諸欲の棘《し》を抜き、欲情の迷いから救う者になられましょう。あなたが探しているヴァスミトラー御前は城内の中央、十字街頭の北側の区画に自邸があり、そこにおられます」

スダナが街頭の門に立って見ると、それはじつに厳飾広大《ごんじきこうだい》な邸宅であった。宝石の牆壁《しょうへき》で十重《とえ》に囲まれ、ターラ樹の十重の並木は亭々とそびえ、堀には冷涼・甘味・芳醇など八つの良い性質のある八功徳水《はっくどくすい》を湛《たた》えて種々の蓮が咲き、水底には砂金が敷かれている。

その邸内には多くの宝玉で飾られた楼閣が林に囲まれて建ち、風は高貴な薫香をただよわせている。スダナは、その宝玉の建物のなかにヴァスミトラー御前の姿を見た。

宝飾の獅子座《ししざ》に坐している御前の顔だちは端正で瑞相《ずいそう》をそなえ、身体は金色《こんじき》に輝き、瞳と髪は紺色で長くもなく短くもなく、肌は黒くもなく白くもなく、それは比較のしようのない絶世の美しさだった。そして人びとに語りかける声はつややかでやわらかく、世にたぐいのないものだった。

ヴァスミトラー御前は経典の文字を読み解き、技芸・諸論に熟達し、いろいろな形の菩薩の方便の法門を成就し、その身は千余の宝石で荘厳《しょうごん》され、宝石の輝く網が架けられ、頭は宝冠をかぶって、多数の美しい侍女や人びとに囲まれていた。その人びとも皆、御前と同じく善を修し、菩薩の誓願を立て、その行をさまたげるものはなかった。

ヴァスミトラー御前は無尽の功徳の宝蔵をそなえて、身から光明を放っている。その光を浴びる者は皆、歓喜し、悦楽して心身爽快となり、煩悩の熱を滅するのだった。

離欲清浄の三昧

スダナはヴァスミトラー御前に礼拝して告げた。

「貴女よ。教えを乞いにまいりました。かの無上菩提への菩薩の道は、いかにゆき、いかに修すべきでしょうか」

遊女のヴァスミトラー御前は、このように語った。

＊

良家の子よ。わたくしは離欲実際清浄《りよくじつさいしょうじょう》の法門（欲情を離れて清らかな真実をきわめること）を成就しました。もし天の神々がわたくしを見るとき、わたくしは天女となります。もし人がわたくしを見るとき、わたくしは人の女性《にょしょう》となります。もし人以外の精霊・鬼神などの生き物がわたくしを見るとき、わたくしはその女性となります。どの世界の女性となろうと、わたくしの容姿はかぐわしく、それぞれの生き物の、どんなに美しい娘にもかなう者はいません。

もし欲情にまとわりつかれた者がわたくしのところに来るなら、わたくしは法を説き、無著《むじゃく》の境界の三昧《さんまい》（欲望にとらわれない静かな心境）を得させます。そして、わたくしの姿を見るとき、歓喜の三昧を得るでしょう。

もし、わたくしと語るなら、その者は無礙《むげ》の妙音の三昧（欲情を離れ、ただ美声を聞く心境）を得ます。

もし、わたくしの手をにぎるなら、その者は至一切仏刹《しいっさいぶっせつ》の三昧（欲情を離れ、菩薩が一切諸仏の国に往詣する心境）を得ます。

もし、わたくしと同宿するなら、その者は解脱光明《げだつこうみょう》の三昧（欲情を離れ、迷いの世界から解放された心境）を得ます。

もし、わたくしを見つめるなら、その者は寂静諸行《じゃくじょうしょぎょう》の三昧（欲情を離れ、どんなときでも静かな心境）を得ます。

もし、わたくしの頻申《ひんしん》（背を伸ばしてあくびをすること）を見るなら、その者は壊散外道《えさんげどう》の三昧（欲情を離れ、邪教に惑わされない心境）を得ます。

もし、わたくしと見つめあうなら、その者は一切仏境界光明《いっさいぶっきょうがいこうみょう》の三昧（欲情を離れ、一切諸仏の国が輝いている心境）を得ます。

もし、わたくしを抱擁するなら、その者は摂一切衆生《せついっさいしゅじょう》の三昧（欲情を離れ、一切衆生を救いとる心境）を得ます。

もし、わたくしと接吻《せっぷん》するなら、その者は諸功徳密蔵《しょくどくみつぞう》の三昧（欲情を離れ、多くの福徳をもつ心境）を得ます。

わたくしのところへ来る者は、このように皆、利欲実際の法を得るのです。

*

スダナは尋ねた。

「貴女よ。御前にはどこで善根を植え、どのように修して、この法門を成就せられたのでしょうか」

ヴァスミトラー御前は、このように語った。

*

良家の子よ。

遠い過去にアティウッチャガーミン（高行《こうこう》）という仏がいました。その仏は人びとを哀れみ、わたくしたちが暮らしていた都城ムスカー（妙門）に来られたことがありました。

その仏が城門の敷石をお踏みになったとたん、城内は多数の宝石が飾られて光り輝き、上空は天の神々の雲がおおって荘厳されました。

そのとき、わたくしは盛んな商人の妻でスマティ（善慧《ぜんえ》）といいました。わたくしは夫とともに高行如来のもとへ行き、宝物の冠を供物として敬いをささげました。そのとき、如来に侍《じ》していた文殊菩薩が、わたくしを無上菩提への道に置かれたのです。

しかし良家の子よ。

わたくしは、この利欲実際の法門を成就したにすぎません。真に威大な菩薩たちは無量の方便と、広大な智慧の蔵を所持し、その智慧の境界は何によっても破壊されることはありません。

良家の子よ。この南方の地にシュババパーランガマ（浄達彼岸《じょうたつひがん》）という都城があり、ヴェーシュティラ（毘瑟底羅《びしっていら》）というグリハパティ（富裕な商家や豪農の長）、すなわち居士《こじ》がいます。安住《あんじゅう》ともよばれる居士で、栴檀の仏塔を建立して供養しています。

行って尋ねなさい。菩薩の道は、いかにゆくべきか、いかに修めるべきかを。

＊

スダナ・クマーラ＝善財童子は遊女に礼拝し、そのもとを辞した。

菩薩は遊女の蠱惑《こわく》もそなえて人を魅了し、しかも欲情を超克させて心身を爽快にする。

㉖ヴェーシュティラ居士の仏塔

無尽仏性の系譜

大商主の子スダナは都城のシュバパーランガマ市に向かって旅をつづけ、ヴェーシュティラ居士に礼拝して告げた。

「尊うべき家長よ。教えを乞いにまいりました。かの無上菩提への菩薩の道は、いかにゆき、いかに修すべきでしょうか」

篤信の家長である居士は、このように語った。

＊

良家の子よ。私は菩薩の不滅度際《ふめつどさい》の法門を成就しました。この法のゆえ、私はいつでも不滅の如来とともにいます。

良家の子よ。仏が実際に入滅することはありません。仏を思慕する思いが人びとにおこるように涅槃《ねはん》（入滅）の姿を見せることはあっても、十方の一切の諸仏に入滅する仏はいません。

良家の子よ。仏は入滅して遺骨（舎利《しゃり》）をのこし、仏を思慕する人びとは遺骨をストゥーパ（仏塔)に納めて礼拝しました。その栴檀の塔廟《とうみょう》の扉を私は開きます。そのとき私は無尽仏性《むじんぶっしょう》の三昧(果てしない諸仏の系譜につらなる境地)を受け、一念一念(一瞬の思念ごと)に無量無辺の諸仏の荘厳《しょうごん》が見えます。

＊

スダナは尋ねた。「その三昧は、どのような境界なのでしょうか」と。

スダナの問いに居士はこのように語った。

＊

良家の子よ。この三昧に入るとき、私にはこの世界の諸仏の系譜が見えます。すなわち、過去世のカーシャパ如来(迦葉仏《かしょうぶつ》)につらなる諸仏、カナカムニ如来(拘那含仏《くなごんぶつ》)につらなる諸仏、ヴィパシュイン(毘婆尸仏《びばしぶつ》)につらなる諸仏、パドモーッタラ(無上蓮華仏《むじょうれんげぶつ》)など、私の前に無量微《むりょうみ》塵数《じんじゅ》の一切諸仏が現れます。

諸仏は、それぞれ仏になる以前に初めて発心《ほっしん》したときから神力自在にして衆生済度《しゅじょうさいど》の大願をおこし、浄行を修し、もろもろのパーラミター(波羅蜜《はらみつ》)をもって次第に菩薩の諸位を成就し、深法《じんぼう》忍《にん》(真実にそむかないこと)を得て、衆魔を降伏《ごうぶく》し、菩提《ぼだい》(さとり)を成《じょう》じて衆生を教化し、それぞれの国土において大光明を放って法輪を転じるのが私に見えます。

この世界の現在の毘盧遮那仏《びるしゃなぶつ》などの一切諸仏、未来の弥勒仏《みろくぶつ》などの一切諸仏も見えます。他の十方世界の諸仏も菩薩たちも見えます。三世十方の一切の諸仏・諸菩薩が私に見えます。

しかし、良家の子よ。

私はこの菩薩の不滅度際の法門を知っているにすぎません。真に威大な菩薩たちは一念に悉《ことごと》く三世の諸法を知り、その思念は平等で二つの別を立てることはありません。自己と仏と衆生が別のものではない。菩薩は平等不二の境界にあります。

良家の子よ。この地の南方の海上にポータラカという光明の山（補陀洛山《ふだらくせん》）があり、そこにアヴァローキテーシュヴァラ（観ること自在なる者）とよばれる観世音菩薩《かんぜおんぼさつ》がおられます。

その吉祥の海、勇者の山に行って観世音菩薩に尋ねなさい。菩薩の道は、いかにゆくべきか、いかに修めるべきかを。

＊

スダナ・クマーラ＝善財童子は居士に礼拝し、そのもとを辞した。

菩薩は仏塔を供養して久遠の如来にまみえ、
衆生も仏も平等不二の境地にある。

㉗補陀落山の観世音菩薩

光明のポータラカ

大商主の子スダナはヴェーシュティラ居士の教えを思惟し、一切諸仏の法流を念じながら旅をつづけた。そして居士が告げた吉祥の海に出て、海上の勇者の山ポータラカ（補陀洛山）に登って観世音菩薩を探すと、はるかな山頂の西面に菩薩が坐しているのが見えた。

そこは尾根が入り組んだ山阿《さんあ》になっており、泉や渓谷があり、鬱蒼《うっそう》としげる森のなかに柔らかい草がはえている草地がある。観世音菩薩は金剛宝座《こんごうほうざ》の岩上に結跏趺坐《けっかふざ》して、周囲を取り巻く無量の菩薩たちや神々、精霊・鬼神・龍、人びとに普《あまね》く衆生を救う大慈悲の教えを説いている。

スダナは歓喜し、善知識《ぜんちしき》（仏道の師友）への尊信の念をいっそう強くして思った。「善知識は如来であり、善知識は法雲《ほううん》であり、功徳の蔵、十力の宝、無尽の智蔵《ちぞう》であり、智慧の門を開いて衆生を示導し、薩婆若海《さつばにゃかい》（一切智の海）に入りて無上菩提を究竟《くきょう》せり」と。

ときに観世音菩薩は山を登ってきたスダナを見て言った。

*

クマーラ（貴少年）よ、よく来ました。衆生を救う大乗の仏道を求めて普賢の慈悲行を志し、善知識を訪ねてその教えに違《たが》わず、ここまで来ました。

それは文殊菩薩の智慧功徳の大海より生じたことですから、あなたは善根を増して仏の威力・光明三昧を得るでしょう。

あなたは懈怠《けだい》の心を離れて正法《しょうぼう》を求め、常に諸仏を見るでしょう。衆悪《しゅあく》を遠離《おんり》して善業《ぜんごう》を修し、福徳と智慧の宝庫を保持して浄きこと虚空のごとくあるでしょう。

＊

スダナは観世音菩薩に礼拝して告げた。

「菩薩大士にみ教えを賜りにまいりました。かの阿耨多羅三藐三菩提《あのくたらさんみゃくさんぼだい》（無上菩提）に至る菩薩の道は、いかにゆき、いかに修すべきでしょうか、願わくばお説きください」

変化自在の菩薩

そのとき観世音菩薩は、光網荘厳《こうもうしょうごん》の雲を湧き立たせ、かのジャンブー河の金色《こんじき》に輝く右手をさしのべてスダナに語った。

＊

良家の子よ。あなたが阿耨多羅三藐三菩提を求める心をおこしたことを私は祝福します。

良家の子よ。私はすでに大悲の光明の法門を成就し、一切衆生を教化して徳性を成熟させます。普《あまね》く聞き、摂取《せっしゅ》・救済します。

私は常に諸仏のもとから動かずにいて、しかも、どこであれ救うべき人の前に現れます。

私は恵施《えせ》をもって衆生を摂取・救済し、あるいは愛語、あるいは利益《りやく》、あるいは同時（人びとと同じくところに身をおいて平等に接すること）をもって衆生を摂取します。

また、現《うつ》し身《み》をとって衆生を度《ど》（救済）し、あるいは不可思議の身体を示現して衆生を度し、光の網を放って衆生のいろいろな煩悩の熱をさまします。

また、心をなぐさめる声を出し、威儀をもって法を説いて深信に導き、神力自在の方便をもって衆生を度します。

私は、度すべき者にしたがって種々に変化身《へんげしん》を現します。あるいは同類の姿を現し、あるいは異類の姿を現して衆生を済度《さいど》します。

良家の子よ。

私はこの大悲・光明の法を修したとき、摂取一切衆生《せっしゅいっさいしゅじょう》という弘誓の願を立てました。

一切の衆生をして生死輪転《しょうじりんでん》の険道《けんどう》の恐怖《くふ》（奈落《ならく》の怖れ）や憂悩《うのう》・愚癡《ぐち》、煩悩の束縛、殺害の戦《せん》慄《りつ》、諍訟《じょうそ》、貧窮《ひんぐ》、愛不愛、病と死、諸悪の恐怖など、身と心に逼《せま》る一切の恐怖・愁憂《しゅうう》を離れることができるようにしようと私は誓願しました。

そして私は今、字輪《じりん》（「南無観世音菩薩」の名号《みょうごう》）を念じる法門を生起させました。

我が名を念じるならば、私は種々の方便をもって、その人の望みをかなえます。あるいは苦悩・恐怖を取り除いて、かの無上菩提を求める心を目覚めさせ、倦むことなく歩めるように不退転を得させます。いまだかつて、その時を失したことはありません。

しかし、良家の子よ。私はこの大悲・光明の法門を成就したにすぎません。

真に威大な菩薩たちは、一切の普賢の慈悲の大願を成満《じょうまん》し、普賢の慈悲の行を成就して一切の善根の流れを断絶せず、一切諸菩薩の三昧（精神の集中）の流れを断たず、一切劫の時の流れを断ちません。

真に威大な菩薩たちは、菩薩の行を修して未《いま》だ曾《かつ》て断絶せず、過去・現在・未来の三世の流れに順《じゅん》じて、一切の成敗《じょうはい》（事の起こりと結末）、世界のさまざまな流れを知って一切衆生の不善根《ふぜんこん》の流れを断って善根の流れに変え、生死流転の苦しみの流れを除滅します。

この真に威大な菩薩の道は、私に説くことはできません。

＊

東方の菩薩

観世音菩薩がこのように語ったとき、東方世界から一人の菩薩がこの土《ど》、娑婆世界の金剛の鉄囲《てっち》山《せん》（この世界の周りを囲む山々）の頂きに飛来した。その菩薩の名をアナニヤガーミン（正趣《しょうしゅ》・どこにでも趣《おもむ》く者）という。

この菩薩が天穹《てんきゅう》から飛来したとき、娑婆世界は震動し、種々の宝石が荘厳されて大光明を放ち、月や太陽も光を弱め、天龍八部の神々や精霊たちの光も、雷光も星々も輝きを失った。

正趣菩薩の身体から放たれた光明は地下の地獄の底まで照らし、畜生道や餓鬼道の暗がりも照らしだされた。そのとき、苦の境遇にある者の苦しみは去り、一切衆生の煩悩は鎮められて、懊悩や病の苦は除かれた。

そして正趣菩薩は、宝石の雨を降らせて仏に供養し、身を地上に現して補陀洛山上の観世音菩薩の法座に参詣した。

そのとき観世音菩薩はスダナに語った。

「クマーラよ。東方から来た正趣菩薩が見えるか」

「はい、見えます」

「では、正趣菩薩のもとへ行き、菩薩の道を尋ねなさい」

そこで、スダナ・クマーラ＝善財童子は観世音菩薩の言葉を受けて聖教《しょうぎょう》を念じ、深く智海に入り、菩薩に礼拝し、そのもとを辞した。

菩薩は求める人に応じて適した姿で接し、
時をのがさずに救う。

㉘東方の菩薩アナニヤガーミン

普門速行の菩薩

大商主の子スダナは観世音菩薩の言葉を信受して東方から来至した菩薩アナニヤガーミン（正《しょう》趣《しゅ》）のもとに参じて問うた。「かの無上菩提への菩薩の道は、いかにゆき、いかに修すべきか」と。

「良家の子よ。私は菩薩の普門速行《ふもんそくぎょう》の法門を成就し、どの方角にも普《あまね》く開かれた門から、どこへでも速やかに趣《おもむ》きます」

「敬うべき菩薩大士には、いずれの如来のもとで普門速行の法門を修し、成就されたのでしょうか。その如来の国は、この娑婆世界からどれほど遠くにあるのでしょうか。その仏刹《ぶっせつ》を出立されてからここに来至されるまでに、どれほどの時を要したのでしょうか」

アナニヤガーミン菩薩は、このように語った。

＊

良家の子よ。それを知るのは難しいことです。

天の神々も精霊・鬼神たちも、人間たちも、そのことを理解するのは難しいのです。

しかし、良家の子よ。もし良きミトラ（善知識）に出会って導かれ、仏に護念されて善業《ぜんごう》を修して功徳を積み、菩薩の道を志して清らかに倦《う》むことなく歩み、菩薩の根《こん》（性格・能力）と菩薩の眼《まなこ》を得るなら、それを知ることができましょう。

この菩薩の道から離れて智慧の眼を欠いている者は、よく修行した沙門《しゃもん》（出家の僧）であっても婆羅門の司祭であっても、理解するのは難しいことです。

＊

スダナは言った。

「尊い菩薩大士よ。わたくしは仏の威力と善知識の加護によって、み言葉を信受いたします」

＊

では、あなたに私は語ります。

良家の子よ。私は東方のシュリーガルバヴァティー（妙蔵《みょうぞう》）という世界から来ました。それはサマンタシュリーサンバヴァ（普勝生《ふしょうしょう》・妙徳《みょうとく》）という如来の仏国土です。私は、この仏のもとで普門速行の法門を得ました。

良家の子よ。私は一瞬のうちに不可説微塵数《ふかせつみじんじゅ》の歩数の距離をゆきますが、私が東方の妙蔵世界を出立してから、すでに不可説微塵数の劫が過ぎました。

その久遠《くおん》の時において通過した不可説微塵数の国土ごとに仏がまします。私はそれらの諸仏の国土に行って、菩薩の敬いをささげて諸仏に供養し、諸仏の威力を受けて、その国土の群生《ぐんじょう》（衆生）

海に入って光明の網を放って全てを照らし、それぞれの人が求める姿を示現して救いとり、教化しました。それは衆生の徳性の成熟を止めないためです。

そして東方と同じく、私は南・西・北、上・下など十方のどの方角にも行きます。

しかし、良家の子よ。

私はこの普門速行の法門を知るにすぎません。真に威大な菩薩たちは、普く十方に趣き、その境界無量にして破壊されることはありません。普く十方世界の群生海を了知し、大光明の網を放って普く生死輪転の諸道を照らし、一切衆生に応じて身体を現します。その平等智において仏道にこだわることもありません。

良家の子よ。この地の南方の地にドゥヴァーラヴァティー（門主《もんしゅ》）という都城があり、マハーデーヴァ（大天《だいてん》）という天部の神がいます。

行って尋ねなさい。菩薩の道は、いかにゆくべきか、いかに修めるべきかを。

＊

スダナ・クマーラ＝善財童子は正趣菩薩に礼拝し、そのもとを辞した。

菩薩は一瞬の思念のうちに人びとの求めを知り、
どこであっても適切な手当を講じる。

㉙大神マハーデーヴァの喜捨

普門速行の菩薩

大商主の子スダナは正趣菩薩《しょうしゅぼさつ》の無障礙《むしょうげ》の行を思惟し、正趣菩薩の広大な智慧の境界を思念しながら道をゆき、都城のドゥヴァーラヴァティー市に着いて、天の大神《だいじん》マハーデーヴァの所在を尋ねると、町の人びとがスダナに言った。

「大神は城内中央の大法堂神殿に降霊したまい、人びとに教えを説いています」

そこでスダナは神殿に参詣して大神に拝謁し、礼拝して告げた。

「かしこき大神に慎《つつし》みつつしみ教えを乞いにまいりました。かの無上菩提への菩薩の道は、いかにゆき、いかに修すべきでしょうか」

すると大神は、その四本の腕を四方に伸ばした。その腕は世界の中心にそびえる須弥山《しゅみせん》の四囲に広がる四大海に届き、そこから手に水を汲むと、すばやく戻って自分の顔を洗った。そして黄金の花々をスダナに散らして祝福し、このように語った。

*

良家の子よ。菩薩は遭《あ》い難く、世間には希有《けう》のものである。

しかし菩薩は、泥中《でいちゅう》に清らかに咲く芬陀利華《ふんだりけ》（白蓮《びゃくれん》）のように世の衆生の帰依《きえ》するところ、世間の庇護所であり世の人びとの依り所である。

菩薩は光明を放って暗夜の道に迷う者たちの灯火となり、正道《しょうどう》を顕現して愚癡《ぐち》・蒙昧《もうまい》の闇を遠ざけ、衆生の師となって正法《しょうぼう》を護持し、衆生の将となって救護《くご》し安穏ならしめ、衆生を指揮して一切智者の城に導く。

菩薩は身口意《しんくい》の三業《さんごう》（行動と言葉と意識）を清めて永く衆悪を離れ、常に愛語をもって衆生のそれぞれに応じて話し、その人に適した姿を現して、未《いま》だ曾《かつ》て時を失することなし。

良家の子よ。菩薩は遭い難く、世間には希有である。しかし菩薩は、その名を通して衆生をして清浄の願いをもたせ、遭い難さを除去するものである。

良家の子よ。我はすでに菩薩の雲網《うんもう》の法門を成就した。衆生をして諸仏・諸菩薩の近くに来させよう。

＊

マハーデーヴァの神変

「かしこき大神には、その雲網の法門において、いかなる境界にあられましょうか」

このようにスダナの尋ねたとき、大神マハーデーヴァはスダナの前に黄金を集めて山王（須弥山）のように積み上げた。さらに銀の山、瑠璃《るり》（ラピスラズリ）の山、玻璃《はり》（水晶）の山、瑪瑙《めのう》の山など、あらゆる種類の宝玉の高山を築いた。

さらに、種々の宝石をつけた瓔珞《ようらく》（首飾り）を集めてスダナの前に山王のように積み上げた。また、腕輪の山、耳飾りの山、手首や足首の飾りの山など、菩薩を飾る装身具の高山を築いた。また、あらゆる花々、あらゆる香料、あらゆる華鬘《けまん》、あらゆる傘蓋《さんがい》、あらゆる幢幡《どうばん》、あらゆる楽器などを山と示現した。

そして大神はスダナに言った。

＊

良家の子よ。この宝をとって如来に布施し、供養せよ。また、一切を衆生に恵施《えせ》して摂取・救済し、衆生をして檀波羅蜜《だんはらみつ》（布施の成就）を学ばせ、一切を捨離《しゃり》せしめよ。

良家の子よ。我が汝《なんじ》にこのように布施を教示するように、我は無量の衆生をして喜捨を薫修《くんじゅ》せしめる。無貪《むとん》の善根を心身に薫じて善知識に近づかせ、諸仏・諸菩薩への恭敬《くぎょう》の心を養って無上菩提を求める心をおこさせるのである。

しかし、良家の子よ。もし財欲・色欲などの五欲に酔い、享楽を貪るならば、その人のために我は恐怖を現すであろう。

もし、瞋恚《しんに》（怒り）・放逸・憍慢（おごり）・諍訟《じょうそ》にとらわれている者があれば、我は肉や血を喰らう鬼神ラークシャサ（羅刹）のごとき凶暴さをもって恐怖を与え、瞋恚・放逸を離れしめよう。

もし、懈怠《けだい》・怠慢の者あれば、我は水難・火難・王難・盗難などの災厄の恐怖を現して精進に向かわせよう。

良家の子よ。これら悪の衆生のために我は種々の方便をもって不善根を滅して善根を長養し、布施・持戒・精進など一切の波羅蜜を妨げる怨敵を撃退して、一切の波羅蜜を具足成満《ぐそくじょうまん》する資糧を与えよう。我は衆生をして障礙《しょうげ》の山の険道から脱出させ、無礙《むげ》の法を得せしめよう。

しかし、良家の子よ。

我は菩薩の雲網の法門を知っているにすぎない。真に威大な菩薩たちは、天帝インドラ（帝釈《たいしゃく》天《てん》）が鬼神アスラ（阿修羅《あしゅら》）の軍勢を撃退するように衆生の煩悩を滅ぼす。

真に威大な菩薩たちは、冷たい水のように衆生の苦しみの炎を消し、涼しい風のように衆生の懊悩を癒し、金剛が岩を砕くように衆生の自我への執着をとりはらう。

良家の子よ。

このジャンブ州（閻浮提《えんぶだい》）、すなわち我らの世界のマガダ（摩竭提《まかだ》）国に行け。釈迦牟尼世尊《しゃかむにせそん》が樹下に坐して成道された菩提の道場（ブッダガヤ）に、スターヴァラー（安住《あんじゅう》）という地天女《じてんにょ》（大地の女神）がいる。

行って尋ねよ。菩薩の道は、いかにゆくべきか、いかに修めるべきかを。

＊

スダナ・クマーラ＝善財童子は大神に礼拝して南海の地を去り、閻浮提北部の恒河《ごうが》（ガンジス川）の水系のうるおす地、釈迦如来の故地に向かった。

菩薩の道は布施を第一とし、
喜捨によって欲望や執着の煩悩を滅する。

◉北路歴程　釈迦如来の故地

【第30〜第45のミトラ】

㉚ ブッダガヤの大地の女神スターヴァラー

スダナの過去

大商主の子スダナは、かの南海の地から転じて北に向かい、やがてマガダ国の菩提道場に近づいた。そのとき、幾十百千の地天《じてん》（大地の神）の群れが現れ、たがいに語りあった。

「向こうにクマーラ（貴少年）が来る。我ら衆生を救う方だ」
「すべて衆生の拠り所となるであろう方がやって来られる」
「如来を内に蔵《ぞう》する人、あらゆる衆生の無明《むみょう》の卵殻を破る方が来る」
「法王の家に生まれ、垢《く》を離れた無礙《むげ》の宝繒《ほうぞう》（頭をつつむ布）を巻く方が来る」
「至高神ヴィシュヌの化身ナーラーヤナ（那羅延《ならえん》）の金剛杵《こんごうしょ》のごとき智の武器をもって異教の邪輪を摧《くだ》く方がやって来られる」

　スターヴァラー女神ら幾十百千の地天は香水《こうずい》をふらせ、香風をそよがせて地上を清め、宝飾の身体から天穹に電光を放って地を明るく照らした。

　そのとき、木々は花を咲かせ、果実をみのらせた。泉や川の流れは涼やかな波音を増し、種々の楽の音が鳴りひびいた。また、雌牛・雄牛、象や虎、獅子が吼《ほ》え、天の神々も鬼神・精霊・龍たちも叫び声をあげた。そのとき、地から無量阿僧祇那由多《むりょうあそうぎなゆた》の宝庫が涌《わ》き出してきたのである。

　スターヴァラー女神がスダナに言った。

「良家の子よ。よく戻って来られました。あなたは過去に、この地にいて善根を植えました。その果報を見ることを、あなたは望みますか」
「かしこき大地の女神よ。わたくしはそれを見ようと思います」

　そのとき、大地の女神は足で地を打った。すると、無量阿僧祇那由多の宝庫の扉が開いた。

「良家の子よ。これら無量の摩尼宝珠《まにほうじゅ》の宝庫は、あなたの過去世の善根によって生じたものです。

あなたの福徳の力によって保持されています。それを受け取り、為すべきことを為しなさい」

＊

思えば、文殊菩薩が巡教に訪れたダニヤーカラ（福城）市にスダナが生まれたときも、生家に七つの宝蔵が生じたという。ゆえに、その子はスダナ（善き財宝）と称されることになったのだった。

地天女の神力

それから大地の女神は自身の過去を語った。

＊

良家の子よ。私は菩薩の不屈の智慧の蔵、不可壊蔵《ふかえぞう》の法門を成就しました。私は太初のディーパンカラ（燃燈仏《ねんとうぶつ》）のときから常に菩薩を守護してきたのです。私は菩薩の行を修して深く智の境界に入り、菩薩の行を清めてきました。そして、菩薩の一切の三昧を生じ、菩薩の諸力を得て菩薩の不可壊の法を成就して諸仏の国土におもむき、一切諸仏の説かれる教えを受けました。私は一切諸仏の法輪を転じ、一切諸仏の修多羅《しゅたら》（経典）の法雲を湧き出させ、一切諸仏の大きな法の光明を輝かせて、一切衆生を教化して徳性を成熟させました。そうして私は諸仏の自在神力を保持してきたのです。

良家の子よ。この菩薩不可壊蔵の法を私が成就したのは、私は遠い過去の微塵数の劫のかなた、アヴァバーサヴューハ（荘厳《しょうごん》）とよばれる時代のことでした。

そのとき、世はチャンドラヴァジャ（月幢《がつどう》）といい、スネートラ（妙眼《みょうげん》）という如来がおられました。私はこの仏のもとで不可壊蔵の法門を得、これまでずっと修してきました。それによって私は、不可説数の仏国土におもむき、微塵数の諸仏のもとにまいり、諸仏が菩提の道場に坐して自在神力を得られるのを拝してきたのです。

しかし良家の子よ。私はこの不可壊蔵の法門を知るにすぎません。真に威大な菩薩たちは、常に一切諸仏に随侍《ずいじ》して悉《ことごと》く諸仏の法を受持《じゅじ》し、深く諸仏の秘密の蔵に入って、如来の使者として身を現します。

良家の子よ。このジャンブ州（閻浮提《えんぶだい》）に、カピラヴァストゥ（迦毘羅《かびら》）という都城があり、ヴァーサンティー（春和《しゅんわ》）という名の夜天女《やてんにょ》（夜の女神）がいます。行って尋ねなさい。菩薩の道は、いかにゆくべきか、いかに修めるべきかを。

＊

スダナ・クマーラ＝善財童子は大地の女神スターヴァラーに礼拝し、そのもとを辞した。

菩薩は善根を財宝として諸仏に供養し、世の人びとに施して徳性を成熟させる。

㉛ 王都カピラヴァストゥの夜の女神

暗のとばりのなかで

カピラヴァストゥは、かのシャカ国の王都である。

大商主の子スダナは、大地の女神スターヴァラーが教示した不屈の智慧の蔵、不可壊蔵《ふかえぞう》の法を思惟しながら王都カピラヴァストゥに至り、その東門から入って、都の中央の十字街頭に立った。おりから日暮れであった。スダナは夜天女《やてんにょ》ヴァーサンティーにまみえることを念じながら夜のとばりがおりるのを待った。

やがて夜が更《ふ》けると、夜の女神が王都の上空に現れた。空中に種々の宝石で造られた楼閣が浮かび、広間に香り高い蓮華の獅子座が見える。その多くの宝石で飾られた獅子座に夜の女神が坐していたのである。

夜の女神の身体は黄金色で、髪の毛と瞳は深く紺青をたたえ、朱色の衣を着して多くの宝石で飾られて、身体に夜空の星々が輝いていた。

スダナは女神に礼拝して告げた。

「かしこき夜の女神よ。わたくしは、かの無上菩提を求める心をおこし、善知識の導きによって仏法を得たいと祈念してやってまいりました。願わくば、一切智への道をお示しください。菩薩の道をゆく者は、いかに修して仏の十力（いろいろな威力）を得られるのでしょうか」

暗夜の灯火

夜の女神ヴァーサンティーは、このように語った。

＊

良家の子よ。善知識に随順する人に、かの無上菩提が近づいています。光明あまねく諸法（万物）を照らし、私は一切衆生の愚癡《ぐち》の闇を破る法（教化調伏破一切衆生《きょうけじょうぶくはいっさいしゅじょう》癡闇法光明《ちあんほうこうみょう》）を得ています。

闇を破る光によって、私は悪徳・邪見の人びとには慈心を、不善・悪行の人びとには悲心を、善い行いをなす人びとには歓びをもたらし、さらに善・悪こもごもの人びとに対して誰であっても平等不二の心をもつようにします。

私は闇を破る光によって、染汚《ぜんま》・邪道に迷う者たちには正しい道を示します。汚れたところに馴染んでいる人びとに清らかさを願う気持ちをおこし、はかない生死の世界にいることを喜ぶ人びとに高く法輪を掲げて行く手を示します。

良家の子よ。私はいつも、このように人びとのことを思い、闇を破る光によって、人びとの導きとなります。

私は、鬼神・盗賊の群れが徘徊する暗夜に独りでいる人の恐怖を滅します。また、人びとが正義を離れて悪に染まるとき、あるいは黒雲が空をおおって日・月、星も見えないときに異郷の都市や村、海や山、曠野を行く人の恐怖を滅します。また、海で大風や波浪にあい、山で雲や断崖・密林に閉ざされて道に迷う人びとなど、水陸一切の衆生を種々の方便をもって救いだします。

私は、海を行く人には船の形をとり、あるいは海神王などの姿をとって海難から救います。陸を行く人には月や星座、灯火、あるいは天の神々や菩薩の姿をとって救護《くご》します。

そうして私は一切衆生の拠り所となって煩悩を除滅し、死を畏《おそ》れる人には無畏《むい》の法を得させ、貧しさに苦しむ人には富楽を得させます。

私は、山中に果樹や泉、迦陵頻伽《かりょうびんが》（極楽浄土の鳥）の声や山の神、休息できる平地を現して人びとを山の難から救いだし、生死の山を越えさせます。

曠野・森林には道をつくり、その道に輪廻の森野に迷い込んだ人びとを導き、疲れた人の飢渇を癒して、地獄・餓鬼などの悪趣の道を閉ざします。

私はいつも、このように願っています。「願わくば衆生をして速やかに衆苦《しゅく》を滅し、一切の安穏なる智道を究竟《くきょう》せしめん」と。

願わくば、人びとが五陰《ごおん》の著《じゃく》（肉体の快楽や自我意識のこだわり）を除き、一切諸仏の薩婆若《さばにゃ》（一切智）の境界に導かれますように。

願わくば、国土・聚落《じゅらく》の著（社会の人間関係や生計にとらわれること）に悩み苦しむ人が、法を聞き、その境涯から離れることができますように。

願わくば、人びとが六入《ろくにゅう》の空聚《くうじゅ》（五感と意識の六根によって生じる仮の現実）を離れ、生死の輪廻を超出して一切智の城に入れますように。

私はこのように願って、もし人びとが方角を失って、東を西だと思い、西を東だと思い、あるいは上を下、下を上だと思い込んでいるなら、私は種々の方便を講じて、その迷いから救いだします。出口がわからずにいる人びとには、その出口を示します。道を失った人には道を示し、向こう岸に渡ろうとする人には港と船を与えて、行くべき航路を指し示します。

こうして私は人びとの長い夜を照らして暗がりを破り、永く愚癡の闇を滅して、視界を明るくし、いろいろな邪見にとらわれることがないようにします。

良家の子よ。

人びとには常楽我浄《じょうらくがじょう》の迷いがあります。無常を常だと思い、苦を楽だと思い、無我を我だと思い、不浄を浄と思う四つの顛倒《てんどう》のなかにいます。福伽羅《ふくがら》（自我）に執着して因果応報の道理をさとらずに不善をなし、殺生を好み、父母に孝せず、聖者に供養しようとしません。正しいことはかえって誹謗《ひぼう》し、大乗の菩薩に憎しみさえいだき、賢者を避けて悪人に近づき、五逆（父母殺しなどの大罪）をつくってしまいます。このような悪の人びとの愚かな心の闇を私は智慧の光で明るく照らして滅し、かの無上菩提への道に入れます。

良家の子よ。

私はまた、このように願っています。「無上の法をもって衆生をして生老病死《しょうろうびょうし》・憂悲苦悩《うひくのう》の諸難を離れしめ、善知識に近づいて悪道を離れ、老病死の苦のない常住の法界に入れん」と。

そして私は、このように念じています。「もし、悪衆生に近づいて邪教におもむき、邪見に著し、虚妄《こもう》に迷い惑し、身口意《しんくい》に不善をなし、種々放逸にして悪法にとどまって苦しみ悩み苦しむ。そのような人を見れば、私は無量の方便をもって、その人の邪惑を除き、正見にとどまること天上の神々をも凌《しの》ぐほどになるように」と。

仏子《ぶっし》（仏の子・弟子）であるスダナよ。

私はこのように念じています。「人びとが、かの普賢菩薩の大願の力を受けて一切智から退転せず、一切智を得、諸菩薩の境界を順次に進んで衆生の性《しょう》の捕縛から解かれるように」と。

＊

それから夜の女神は、偈頌《げじゅ》を誦《じゅ》してスダナを励ました。

＊

我が成《じょう》ぜし法は愚癡《ぐち》の冥闇《めいあん》を照除《しょうじょ》し、常に大悲を修《しゅ》して無量無数劫《むりょうむしゅこう》に諸《もろもろ》の群生《ぐんじょう》を覆《おお》う。

仏子善財、汝《なんじ》すみやかに大悲海《だいひかい》を成就して三世の仏を出生《しゅっしょう》し、一切の苦を除滅すべし。

仏子は心に歓喜《かんぎ》して世間の悪を遠離《おんり》し、三界の苦を超出《ちょうしゅつ》して賢聖《けんじょう》の楽を受けよ。

仏子善財、応《まさ》に究竟《くきょう》すべし。有為《うい》の悪を遠離し小乗の智を解脱《げだつ》して如来力《にょらいりき》を成満《じょうまん》せよ。

我れ天眼《てんげん》を以《もっ》て十方の群生を見るに此《ここ》に死に彼《かしこ》に生まれ五趣《ごしゅ》に輪転《りんでん》して常に無量の苦を受く。

仏子善財、応に究竟すべし。清浄《しょうじょう》の智は諸法の海を分別《ふんべつ》して衆生の惑《わく》を滅することを。

我れ三世《さんぜ》の法に通達《つうだつ》して深く諸仏の海に入り、明らかに一切の法を了知せり。

一一《いちいち》の微塵《みじん》の中に悉《ことごと》く仏刹海《ぶっせつかい》を見るに、毘盧遮那仏《びるしゃなぶつ》の道場に正覚《しょうがく》を成《じょう》じ、
十方微塵の刹土《せつど》に悉く正法輪《しょうぼうりん》を転じたまう。

＊

遠い過去に

スダナは女神に尋ねた。

「かしこき夜の女神には、無上菩提への道に発心《ほっしん》されてからこれまでに、どれほどの時がたち、どれほど多く救ってこられたのでしょうか」

夜の女神は、このように語った。

＊

勝利者である仏の子よ。はるか塵点劫《じんてんごう》のかなたにプラシャーンタプラバ（寂静光《じゃくしょうこう》）という世があり、五百億の諸仏が現れました。時に、パドマプラバー（蓮華光）という名の王都があり、スダルマティールタ（善法度《ぜんほうど》）という大王がいました。尊い法輪をかかげて国を治める聖王《じょうおう》でした。

この王都の東に林があり、菩提樹がしげっていました。その樹下でサルヴァダルマ・ニガルジタラージャ（一切法雷音王《いっさいほうらいおんおう》）という如来が坐し、正覚を成じて大光明を放ち、普《あまね》く一切の世界を照らされたのです。

ときに、その王都にスヴィシュッダ・チャンドラーバー（浄月光《じょうがっこう》）という夜天女《やてんにょ》がいました。夜天女は夜が更けて眠っていた王妃ダルママティ・チャンドラー（法慧月《ほうえがつ》）の瓔珞《ようらく》に触れて眠りからおこして告げました。

「王妃よ、城外の林の菩提樹下において一切法雷音如来が無上菩提を成じ、夜が明るく照らされています。如来の神力を顕現し、かのサマンタバドラ（普賢《ふげん》）の大慈の誓願を示されています」

王妃は深夜の闇のなかでも如来の光明に照らされて林に行き、如来に供養して、かの無上菩提への道に進みました。

良家の子よ。この王妃が過去の私です。

私は精進して善根をうえ、はるかな塵点劫の時において、地獄・餓鬼・畜生などの悪道に堕ちず、常に善知識と諸仏・諸菩薩のもとを離れずにいました。

そして賢劫《けんごう》（現在の劫）に至る前の一万劫において五百億の仏の世がありました。そのときに、スメールドヴァジャーヤタナ・シャーンタネートラ・シュリー（須弥幢寂静妙眼《しゅみどうじゃくじょうみょうげん》）という如来が現れたことがあります。

そのとき、一人の誉《ほま》れ高い富豪に、プラジュニャーヴァバーサ・シュリー（妙慧光明《みょうえこうみょう》）という娘がいました。美しく、愛らしく、清らかな娘でした。

そのとき、かの夜天女《やてんにょ》スヴィシュッダ・チャンドラーバー（浄月光）は、誓願によって同じく夜天女として生まれており、名をヴィシュッダ・ネートラーバー（清浄眼《しょうじょうげん》）といいました。そして、ある静かな夜更けに、この夜天女は富豪の家を光明で照らして娘をおこして告げました。

「菩提樹下において仏が成道され、七日がたちました。如来が法輪を転じられましょう」

それが須弥幢寂静妙眼如来です。

娘は父母・親族とともに如来のもとに詣でて供養しました。そして如来の説法を聞いて、菩薩の明浄慧光《みょうじょうえこう》（諸仏を見て衆生を救う菩薩の智慧の光）という三昧を得ました。この娘が過去の私です。

それから私は十仏国土の微塵数の世界に身体を現し、それらの世界の諸仏に供養し、それらの世界の衆生を照らしてきました。

しかし良家の子よ。

私は、この一切衆生の愚癡の闇を破る法を得ているにすぎません。真の菩薩たちは無量無辺の普賢の諸行をきわめて深く法界の海に入り、智慧の幢を立てて、一念一念に一切の仏国土を荘厳《しょうごん》して功徳の海を満たします。

良家の子よ。マガダ国の菩提の道場（ブッダガヤ）にサマンタガンビーラ・シュリーヴィマラプラバー（普徳浄光《ふとくじょうこう》・甚深妙徳離垢光明《じんじんみょうとくりくこうみょう》）という名の夜天女がいます。

この女神のもとに行って尋ねなさい。菩薩の道は、いかにゆくべきか、いかに修めるべきかを。

＊

スダナ・クマーラ＝善財童子は夜の女神ヴァーサンティーに礼拝し、偈頌を誦して讃え、そのもとを辞した。

畏《かしこ》き夜天女《やてんにょ》の身は普《あまね》く一切の趣《しゅ》を照らし、一毛孔《いちもうく》の中《うち》に普《あまね》く諸《もろもろ》の星宿《しょうしゅく》を見る。
もし見聞《けんもん》する者あらば悉《ことごと》く功徳の利を得、菩薩の道を求めて仏の菩提を成就せん。

菩薩は月光のように暗夜を照らし、
迷いの森から抜けだす道を示す。

㉜離垢光明の夜の女神

菩薩の十法

大商主の子スダナは王都カピラヴァストゥの夜天女《やてんにょ》の教えを念じながら、マガダ国の菩提道場の夜天女サマンタガンビーラ・シュリーヴィマラプラバー（普徳浄光・甚深妙徳離垢光明）のもとへ行って告げた。「かしこき夜の女神に教えを乞いにまいりました。菩薩の道をゆく者は、いかに修して菩薩の諸地《しょじ》（修行が進んださまざまな境地）を得られるのでしょうか」と。

この離垢光明の夜の女神は、このように語った。

＊

良家の子よ。よく十の法を修して成就するなら、菩薩の諸地を具足《ぐそく》することができます。

一つには、心を清くたもって諸仏現前の三昧《さんまい》を得、一切の如来を見ることです。

二つには、清浄《しょうじょう》の眼《まなこ》を得て如来の三十二相などの相好《そうごう》の厳飾《ごんじき》を見ることです。

三つには、如来の無量の功徳の大海を見て、それがさまざまであるのを了知することです。

四つには、如来の無辺の光明輪の大海を見て、法界の明るみに入ることです。

五つには、如来の身体のあらゆる毛孔《もうく》から放たれる光を見て、その光が衆生の一人ひとりに注がれていることを了知することです。

六つには、如来の毛孔の光明が、いろいろな色彩の宝石の火のように輝き、大海のように広がるのを了知することです。

七つには、念念《ねんねん》の心刹那《しんせつな》（一瞬の思い）のうちにも如来の変化身《へんげしん》の大海を見て、障礙《しょうげ》なく衆生を教化《きょうけ》しているのを了知することです。

八つには、衆生の海に響く如来の声を聞き、三世の諸仏が邪を祓う清浄の法輪を転じているのを了知することです。

九つには、諸仏の修多羅《しゅたら》（経典）の雲を見て、その仏音《ぶつおん》（仏の言葉）を聞き、諸仏の名号の海を了知することです。

十には、諸仏が不可思議の自在神力を現すのを見て、衆生を化度《けど》（教化・救済）することです。

これらの十法をよく修すれば、菩薩の行を成就することができます。

＊

静かな安らぎへの道

離垢光明の夜の女神は、さらにこのように語った。

良家の子よ。私はすでに寂滅定楽精進《じゃくめつじょうぎょうしょうじん》（静かなさとりの安らぎのなかで歩むこと）という菩薩の法門を得ています。

私の眼には、三世の諸仏が見えます。私には諸仏の大海のように広大な国々が見えます。そして、仏の弟子や信徒の海、無量の神変の海も見えます。そこにおいて諸仏の姿はさまざまで、無限に異なっています。なぜなら、如来は一切諸相に著《じゃく》せず、どんな姿にもとらわれないからです。

＊

良家の子よ。

如来は過去に過ぎ去ったものではありません。また、未来に現れるものでもありません。そして、現在にあるものでもありません。なぜなら、如来は一切の取《しゅ》（執着）を離れて不去不来《ふこふらい》、すなわち無生《むしょう》であって、どこかに生まれるものでも滅するものでもないからです。

人びとの視覚に見える如来は幻のようなもので、実際にはありません。しかし、それは虚妄《こもう》でもありません。その姿は人びとの救いとなるように生起したものなのです。

如来は生じず滅せずにあります。なぜなら如来の本性は不壊《ふえ》の法性《ほっしょう》であるからです。

如来が一つの名でよばれ、一つの姿を現すことはあっても、諸仏は無相《むそう》、すなわち姿のないものです。なぜなら、諸仏は不壊の法性を究竟したところにあるからです。

良家の子よ。

私はこのように一切の諸仏を了知し、菩薩の寂滅定楽精進の法を増広して夜を照らして深く平等の境界に入り、虚妄を遠離して大悲の心をおこし、衆生を摂取して菩薩の諸地を得ました。

菩薩の明浄の智慧は深く普門の法界を究竟し、種々の方便をもって衆生を救いだします。世俗の家にいて貪欲《とんよく》におぼれている人びとには、それが楽しいことではないという思いに目覚めさせます。その家は憂いと苦悩に無防備であり、恐怖は逼迫しています。賊に縛られたり鬼類に襲われたりすることもあります。

そのような家にいる人びとに、私は諸行無常《しょぎょうむじょう》の想・一切皆苦《いっさいかいく》の想・諸法無我《しょほうむが》の想・空《くう》（涅槃寂静《ねはんじゃくじょう》）の想を修して五欲（いろいろな欲望）を離れることができるように導きます。

出家して修行の林にいる人には、私は邪悪な欲望が近づかないようにし、鬼神の恐ろしい声も聞こえることのないようにします。

菩薩の道を行こうと志ざす人には、私はその門を開きます。それがどんなに暗い夜であっても、私は光明をもって道を照らし、闇冥《あんみょう》を除きます。

私は仏と法と僧の三宝と善知識を讃え、善知識に近づく人を讃えます。まだ悪業《あくごう》を生じていない人には、これからも生じないようにし、すでに生じた悪業はその人から取り除きます。まだ生じていない善業はその人に生じるようにし、すでに生じた善業はさらに増広させます。

そして人びとが菩薩行を行じ、波羅蜜《はらみつ》を修して、願いのとおりに薩婆若《さばにゃ》（一切智）を得て妄想《もうぞう》にとらわれることなく、大きな慈悲を修習《しゅじゅう》して、他の人も自身も、天上の幸福を得られるように導きます。

しかし良家の子よ。

私はこの寂滅定楽精進の法門を知っているにすぎません。真に威大な菩薩たちは、普賢（普《あまね》く勝れた者）の慈悲の誓願を成就し、普賢の所行を具足し、愚癡《ぐち》（愚かさ）の闇を離れています。そして、如来の智の力によって、人びとの心を光明で照らすのです。

真に威大な菩薩たちは、人びとが迷い苦しむ生死《しょうじ》の世界にあっても心に染《ぜん》（よごれ）なく、一切智の誓願によって、諸仏の国々におもむき、一切諸仏の大海に入って、不可思議の仏法の雲をうけ、一切衆生の生死の闇海《あんかい》を滅尽《めつじん》します。その薩婆若の光は生死の夜を照らすのです。

良家の子よ。ここからそれほど遠くないところで、毘盧遮那如来《びるしゃなにょらい》が菩提の道場（さとりの座）に坐しておられます。その如来の脇に一人の夜天女が侍しています。名をプラムディタ・ナヤナ・ジャガッドヴィローチャナー（喜目観察衆生《きもくかんざつしゅじょう》）といいます。

この女神のもとに行って尋ねなさい。菩薩の道は、いかにゆくべきか、いかに修めるべきかを。

＊

そして離垢光明の夜の女神は偈頌を誦し、このことを重ねてスダナに告げた。

＊

離垢清浄の眼にて仏身を観るに、相好《そうごう》おのずから荘厳《しょうごん》せり。
諸仏は道場に正覚を成じて一切の法界に浄法輪《じょうぼうりん》を転じ、
仏身は普《あまね》く十方の刹《くに》にて悉く《ことごと》衆生の類に現前したまう。

菩薩は三世の諸仏とともに歩み、
しかも諸仏の姿にとらわれない。

如来は毛孔《もうく》より無尽の化海《けかい》を出《い》だし、皆悉く電光の如し。
如来は世間に出でたまい、普く群萌《ぐんもう》の類に現じて衆生の性《しょう》を分別したまう。
一切の諸菩薩の法門は悉く仏の一毛孔にあり。
此処《ここ》より遠からずして夜天《やてん》あり。
往《い》きて云何《いか》んが菩薩の行なるかを問え。

＊

スダナ・クマーラ＝善財童子は夜の女神サマンタガンビーラ・シュリーヴィマラプラバーに礼拝し、そのもとを辞した。

㉝夜の女神の歓びの旗

普光喜幢の夜天女

大商主の子スダナは離垢光明《りくこうみょう》の夜天女《やてんにょ》に会って薩婆若《さばにゃ》（一切智）の智慧の光明を得て深く仏海《ぶっかい》に入り、法雲の陀羅尼《だらに》（仏の威力を保持する霊句）を得、一切諸仏の浄法輪《じょうぼうりん》を保持して、良きミトラ（善知識）に会ってさらに教えを受けたいと念じながら、夜天女プラムディタ・ナヤナ・ジャガッドヴィローチャナー、すなわち喜目観察衆生《きもくかんざつしゅじょう》とよばれる夜の女神のもとに向かった。

そのとき喜目観察の夜の女神は、スダナが近づいてくるのを知り、彼を加護して心に語りかけ、善知識を恭敬し供養《くぎょう》すること（花や香などの供物をささげて敬いを表し、善の功徳をつむこと）の意義を重ねてさとらせた。

善知識は則《すなわ》ち是《こ》れ菩提《ぼだい》（さとり）である。

善知識は則ち精進（たゆまぬ歩み）である。

善知識は則ち不可壊《ふかえ》の力（何にも打ち勝つ威力）である。

善知識は菩薩の道をゆく者を十方諸仏のもとへ至らせる。

スダナが善知識への思念を強めたとき、夜の女神がスダナに光をそそいだ。すると、スダナに見えた。菩薩の誓願の大海に夜の女神の光明が満ち、一つ一つの微塵のなかにも一切の法界があり十方の海が広がり、未来永劫にわたって種々の言語で法が説かれているのが。また、一念一念に一切智の輝きが増したので、スダナは三世の諸仏の浄法界の流れに沿って善知識に近づいていることを知った。

そして、夜の女神のもとに到着して拝すると、女神は如来の転法輪の法会《ほうえ》において宝蓮華《ほうれんげ》の獅子《しし》座《ざ》に坐し、無垢の歓びの勢いを示す旗、すなわち普光喜幢《ふこうきどう》とよばれる三昧《さんまい》に入っている。その姿を見ると、あらゆる毛孔《もうく》から衆生に歓びと福徳の利を与える種々の雲を放出しているのだった。

十波羅蜜の光雲

夜の女神が放つ光の雲は菩薩行の成就・パーラミター（波羅蜜《はらみつ》）の雲であった。

一つには、布施行の雲である。菩薩の智によって人びとは諍訟《じょうそ》を離れて平等の心を養い、布施の雲は物事に執着する心を離れて人びとに幸福をもたらす。

二つには、持戒の雲である。

女神は、あらゆる毛孔から菩薩の種々の色身《しきしん》（目に見える仮の姿）が密集している雲を放出した。人びとは三界の快楽にとらわれたり、汚れたものを清らかだと顚倒《てんどう》して見たり、常に移ろい変化していく無常のものをいつまでも変わらないものだと思ったりして、ついには悩み苦しんでいる。天女の光の雲のなかに見える人びとは、そのことをさとって諸仏の戒を受け、戒の薫香に身心を清められているのだった。

三つには、忍辱《にんにく》（忍耐）の雲である。

そこには、手足を切断する責め苦にあっても堪え忍ぶ姿が見えた。世の人びとに罵《ののし》られ、迫害や攻撃を受けても耐え忍んで瞋恚《しんに》（怒り）を生じず、また、堪え忍んでいる自分に慢心《まんしん》（うぬぼれ）を生じず、おのずから静かな心でいて、尽きることのない菩提心《ぼだいしん》をおこし、一切衆生の煩悩を除滅する。天女の光の雲のなかには、人びとが忍の波羅蜜を習修《しゅじゅう》し、菩薩行を行じて清浄の金剛身を顕現し、世の人びとを導いているのだった。

四つには、精進の雲である。

その光の雲のなかで菩薩の道をゆく求法者《ぐほうしゃ》たちは、勇猛《ゆうみょう》精進《しょうじん》して退転《たいてん》せず、諸魔を降伏《ごうふく》している。そして、生死《しょうじ》の苦海の一切衆生を救度《くど》し、地獄・餓鬼などの悪道を遮断し、無智・冥闇《めいあん》の山を崩して、一切の如来を恭敬し供養する心に疲倦《ひけん》することなく、勇猛精進して諸仏の法輪を保持せしめ、諸仏の国土を荘厳して衆生を教化し度脱《どだつ》せしめるのである。

五つには、禅定《ぜんじょう》（心を調えて乱れないこと）の雲である。

その光の雲のなかで菩薩の道をゆく求法者たちは、人びとの愁憂《しゅうう》・苦悩を除滅して安らぎを与える。五欲（いろいろな欲望）を離れて慚愧《ざんき》（過ちを認めて反省すること）を讃え、身口意《しんくい》の三業《さんごう》（行為と言葉と意識）を清くたもち、世間の俗悪な楽しみに心を乱されることはない。その清浄な姿を世の人びとのなかに現し、人びとを正しい道に入れ、煩悩の熱をさまして清涼にし、身心の爽快を得させるのである。

六つには、智慧の雲である。

その光の雲のなかで菩薩の道をゆく求法者たちは、普知識を求めて歩み、諸仏のもとに往詣《おうけい》して恭敬し供養し、善根を長養《ちょうよう》している。そして、布施・持戒・忍辱・精進・禅定の五つの波羅蜜において堅固に退転せず、さらに般若波羅蜜（智慧の成就）を修して菩薩の智慧をあからめ、慧日《えにち》（智慧の太陽）を出《い》だして、無尽の慧蔵《えぞう》をもって智の海を究竟《くきょう》する。

七つには、方便の波羅蜜である。

女神は全身の毛孔から菩薩の種々の色身の雲を放出し、どんな人の前にも菩薩の化身の姿を現している。その光の雲のなかで菩薩は一念一念に一切の世界海を清め、一念一念に諸仏を恭敬して一切の法海を保持し、微塵数の方便（救いの手立て）の海を生じて、過去・現在・未来の方便海を究竟する。

八つには、願《がん》の波羅蜜である。

女神の毛孔から放出された光の雲のなかで、菩薩たちはどんな人の前にも現れ、一切智力を顕現して尽きることなく、倦むことなく、普賢《あまね》（普く勝れた者）の慈悲を修し、普賢の誓願を行じている。

九つには、力《りき》の波羅蜜である。

女神の毛孔から放出された光の雲のなかで菩薩たちはどんな人の前にも現れ、衆魔《しゅま》を降伏《ごうぶく》する力、煩悩を滅する力、一切の障礙《しょうげ》の山を壊散《えさん》する力、大悲を具する力をもって菩薩行を修し、法幢《ほうどう》を高く掲げて異教の邪を制する。

これら九つの波羅蜜を総じて、十には智の波羅蜜である。

女神は全身の毛孔から一切衆生の心に等しく菩薩の種々の色身の雲を放出し、衆生海に充満させた。その光の雲のなかで菩薩たちは人それぞれの願いと信仰に応じて菩薩の行を現し、智力精進して衆生海を度す。明浄《みょうじょう》の智慧は法性《ほっしょう》を究竟《くきょう》し、一念一念に智慧は法界に充満した。

このような波羅蜜を菩薩は行じて、人びとに清らかな歓びを生じ、身心柔軟《しんしんにゅうなん》にして熱悩《ねつのう》を除き、憂惑《うわく》・衆悪《しゅあく》を調伏《じょうぶく》して、菩薩の一切智の道において不退転を得させたのである。

この喜目観察衆生の夜の女神は、その全身の毛孔から光を放って菩薩の一切の功徳を顕現するとともに、女神が菩薩の道を歩みはじめた新発意《しんぼち》（初心）のときから修した十波羅蜜を示した。

すなわち、檀《だん》（ダーナ）波羅蜜・布施を行じて捨てがたきを捨て、尸《し》（シーラ）波羅蜜・持戒を行じて禁戒《ごんかい》を浄修し、羼提《せんだい》（クシャーンティ）波羅蜜・忍辱《にんにく》を行じて迫害を忍び、毘梨耶《びりや》（ヴィーリヤ）波羅蜜・精進を行じて苦行を修し、禅（ディヤーナ）波羅蜜・禅定を行じて一切の三昧海《さんまいかい》を究竟し、般若《はんにゃ》（プラジュニャー）波羅蜜・智慧を行じて菩薩の明浄の慧日《えにち》を出だす。

さらに、烏波野《うはや》（ウパーヤ）波羅蜜・方便を行じて諸《もろもろ》の方便功徳を生起し、波羅尼陀那《はらにだな》（プラニダーナ）波羅蜜・願を行じて一切の諸願を満たし、波羅《ばら》（バラ）波羅蜜・力《りき》の因縁功徳と方便海とを行じて本来の前世をあかし、智（ジュニャーナ）波羅蜜・智慧を行じて諸法を摂取したのである。

夜の女神は、この十波羅蜜を全身から放つ光明に顕現して人びとを導くのだった。

衆生の身雲

夜の女神はまた全身の毛孔から、天上の諸天から諸性霊《しょしょうれい》、人間の老若男女にいたるまで、一切衆生の身体が仮現《けげん》する雲を放出した。

すなわち阿迦尼吒天《あかにたてん》（色究竟天《しきくきょうてん》）の身雲《しんうん》、大梵天《だいぼんてん》の身雲、他化自在天《たけじざいてん》の身雲、他化自在の天子・天女の身雲、兜率天王《とそつてんのう》および兜率天の天子・天女の身雲、夜摩天王《やまてんのう》および夜摩の天子・天女の身雲、三十三天王および三十三天の天子・天女の身雲、提頭頼吒《だいずらた》（持国天《じこくてん》）および乾闥婆《けんだつば》の男女の身雲、毘楼勒叉《びるろくしゃ》（増長天《ぞうじょうてん》）および鳩槃荼《くはんだ》（幽鬼）の男女の身雲、毘楼博叉《びるばくしゃ》（広目天《こうもくてん》）および龍の男女の身雲、毘沙門天《びしゃもんてん》および夜叉《やしゃ》の男女の身雲、緊那羅王《きんならおう》および緊那羅の男女の身雲、摩睺羅伽王《まごらがおう》および摩睺羅伽の男女の身雲、迦楼羅王《かるらおう》および迦楼羅の男女の身雲、阿修羅王《あしゅらおう》および阿修羅の男女の身雲、閻魔王《えんまおう》および閻魔の男女の身雲、人王《にんのう》および男子《なんし》・女人《にょにん》・童男《どうなん》・童女《どうにょ》の身雲、地神《りじん》・水神《すいじん》・火神《かじん》・風神《ふうじん》、海神《かいじん》・河神《かじん》・山神《さんじん》・林神《りんじん》・樹神《じゅしん》・穀神《こくしん》・薬草神《やくそうしん》、城郭神《じょうかくしん》・道場神《どうじょうしん》、夜神《やじん》・昼神《ちゅうしん》・虚空神《こくうじん》・方神《ほうじん》・道路神《どうろしん》および金剛力士神《こんごうりきしじん》等、喜目観察衆生の夜の女神はこれらの身雲を出《いだ》して十方一切の法界を満たした。そして女神が一切衆生のために行じた功徳を顕現して、ここに死に、かしこに生まれる輪廻の衆生をして善知識に近づかせ、諸仏のもとで菩薩行を行じて深く法界に入らせるのだった。また、喜目観察衆生の夜の女神は十方に法音を響かせ、それによって無量無辺の衆生は悪道の苦を滅して天上の楽を成就し、生死《しょうじ》の海を渡って菩薩の喜幢自在《きどうじざい》の法を得、一念一念に如来地《にょらいじ》（涅槃《ねはん》の境涯）に達するのだった。

このような光景を現した夜の女神を見たとき、スダナは諸仏に護念せられ、善知識の力を受け、夜の女神と同じ境地に至って菩薩の歓喜浄光明海《かんぎじょうこうみょうかい》に入り、夜の女神の離垢光明《りくこうみょう》の幢《はた》を立てる者となった。

そしてスダナは女神を礼讃《らいさん》する偈《げ》を誦《じゅ》した。

清浄《しょうじょう》なる妙法身《みょうほっしん》、明浄《みょうじょう》なる智慧の光は普《あまね》く一切を照らす。
無礙《むげ》の三昧力《さんまいりき》は一一《いちいち》の毛孔《もうく》より諸《もろもろ》の化身雲《けしんうん》を出《い》だして十方の諸仏を供養し、
念念に諸仏の方便力《ほうべんりき》を出生《しゅっしょう》して衆生を摂取し一切の法を究竟せしむ。
相好《そうごう》自《おの》ずから荘厳《しょうごん》すること猶《な》お普賢身《ふげんしん》の如《ごと》し。

女神の過去と文殊・普賢菩薩

このように女神を讃えたスダナは問うた。「かしこき夜の女神には、かの阿耨多羅三藐三菩提《あのくたらさんみゃくさんぼだい》

(無上菩提《むじょうぼだい》)を求めて発心《ほっしん》されてから、どれほどの時をへているのでしょうか」と。

この問いに女神は偈頌《げじゅ》をもって答えた。

過去世の無量刹塵劫《むりょうせつじんこう》を憶念《おくねん》するに寂静音《じゃくじょうおん》と名づくる劫あり。
香水《こうずい》と名づくる都あって智慧と名づくる王あり、十二億百千那由他《なゆた》の四天下《してんげ》なり。

夜の女神が偈頌で告げたのは、このようなことであった。

＊

遠い過去にプラシャーンタ・ゴーシャ(寂静音)という世がありました。ときにヴィシャームパティ(十方主《じっぽうしゅ》・智慧天輪王《ちえてんりんおう》)という大王が、かの天輪聖王《てんりんじょうおう》と同じく法の威力をもって四大州《しだいしゅ》(須弥《しゅみ》山《せん》の四方の大陸)を統治し、天下は百千阿僧祇那由他《あそうぎなゆた》の無数の宮殿で満たされていました。

この大王には、勇敢な千人の王子、有能な一億人の大臣がいて、四大州はすべて繁栄しました。

そして私は、この大王の第一の妃だったのです。

あるとき、陽が沈んで王も王子たちも臣下らも眠りにつき、楽の音も静まった夜更けに、私の夢にシュリーサムドラ(功徳海《くどくかい》)如来という仏が現れました。そして、全身の毛孔から種々の化現の身体を海のように放出してそれぞれに法を説き、あらゆる神変を示されたのです。

そのとき、一万の夜天女が上空に集まって夢の中の私に語りました。

「王妃よ、目覚めなさい。勝者たる世尊、み仏が姿を現されています」

私は歓びにみちて目をさましました。すると、清らかな光明が私に届いて、菩提樹下に静かに坐しておられる仏が見えたのです。そのお姿を拝して、私もそのようになりたいという願いが生じました。そして皆を救いたいという菩薩の誓願を立て、王や王子たち、他の妃たち、臣下たちを眠りからおこし、皆で菩提樹下の仏に詣でて、二万年、供養しました。

この最初の発心から、いつも私は無上菩提をめざして、輪廻の海に入っても、その決意を失うことはありませんでした。

そのシュリーサムドラ如来の次にはグナプラディーパ（功徳燈《くどくとう》）如来、次にラトナケートゥ（宝《ほう》幢《どう》）如来、次にガガナプラジュニャ（虚空智《こくうち》）如来、次にクスマガルバ（蓮華蔵《れんげぞう》）如来、次にアサンガマティ・チャンドラ（無礙慈月《むげじがつ》）如来、次にダルマチャンドラ・プラブラージャ（法月光王《ほうがっこうおう》）如来、次にジュニャーナマンダラ・プラバーサ（円満智燈《えんまんちとう》）如来、次にナチャナールチ・パルヴァプラディーパ（宝焔山燈《ほうえんさんとう》）如来、次にトリアドヴァ・プラバゴーシャ（三世光音《さんぜこうおん》）如来、これら十如来に私はまみえて十億那由他劫の長きにわたって供養しました。しかし、生死の海をきわめる智慧の眼は得られません。

それから私はさらに多くの諸仏にまみえて十波羅蜜を次第に修しました。そして、あれはラトナシュリー・プラディーパ・グナケートゥ（宝吉祥功徳幢《ほうきっしょうくどくどう》）如来が世に出現され、私がシャシヴァクトラ（月面）という名の女神だったときです。その仏が荘厳大海願の法を説かれるのを聞いて、私は陀羅尼《だらに》（仏の威力を保持する霊句）の念力を得、一念のうちに最勝の海を見ることができるようになりました。私は大悲の蔵を生起し、深く方便海に入って、心は虚空のごとく、諸仏の力を得たのです。

その眼をもって見ると、人びとは常楽我浄をさかさまに考えて、常ならぬものを常に変わらないものと思い、苦を楽、仮そめの自我を確かなものと思いこみ、清らかなものより不浄を好んで、輪廻のなかで苦を受けています。

我れ諸《もろもろ》の衆生を観察するに愚癡《ぐち》の闇に覆われて邪見・貪欲《とんよく》等、
無量の悪業ありて不善の報《ほう》を受く。
一切諸趣《いっさいしょしゅ》の中に生老病死《しょうろうびょうし》の患《うれい》、無量の苦に逼迫《ひっぱく》せられたり。
故に我れ無上の菩提心《ぼだいしん》をおこし、彼《か》の衆生をして諸仏の所に至らしめんと、
広く無量の功徳雲《くどくうん》を求め、法門波羅蜜をもって諸の法界を充満せり。
我れ其《そ》の時に普賢の行を得、深法界《じんほっかい》を分別して一切法を摂取す。
三世の方便海に無礙の行を修習して一念に仏智《ぶっち》を具《そな》えたり。

＊

夜の女神は偈をもって自らの来し方を語ったあと、スダナに告げた。

＊

良家の子よ。私が最初に発心したとき、私がその妃であった智慧天輪王《ちえてんりんおう》は、じつは文殊菩薩にほかなりません。そして、眠っていた私をおこした夜天女は普賢菩薩の化身だったのです。

しかし良家の子よ。

私はこの普光喜幢の法を得ているにすぎません。真に威大な菩薩たちは、一念一念に諸仏に往詣し、一念一念に精進の大海を渡り、一念一念に大願海を満たし、三世の諸仏の方便海を究竟しています。

良家の子よ。ここ毘盧遮那如来《びるしゃなにょらい》の菩提道場の集会《しゅうえ》のなかにサマンタサットヴァ・トラーノージャッハシュリー（妙徳救護衆生《みょうとくくごしゅじょう》）という夜天女がいます。この女神のもとに行って尋ねなさい。菩薩の道は、いかにゆくべきか、いかに修めるべきかを。

＊

スダナ・クマーラ＝善財童子は喜目観察の夜の女神に礼拝し、そのもとを辞した。

菩薩の道は、布施・持戒・忍辱・精進・禅定・智慧の六波羅蜜に加え、方便・願・力・智の十波羅蜜を修して進む。

㉞人びとを救護する夜の女神

妙徳救護衆生の女神

大商主の子スダナは喜目観察の夜天女の普光喜幢の法を念じながら、妙徳救護衆生《みょうとくくごしゅじょう》とよばれる夜の女神のもとに近づいた。すると、その夜の女神は白毫《びゃくごう》（眉間の巻き毛）から光を放った。それは普慧炎燈浄幢《ふええんとうじょうどう》とよばれる無垢清浄の光線である。

その光は広がって一切世間を照射したあと、スダナのところに収束して頭頂から全身に射しこみ、スダナは究竟清浄輪《くきょうしょうじょうりん》・離垢円満《りくえんまん》の三昧を得た。

その三昧においてスダナは微塵数《みじんしゅ》の諸仏の世界が生起し消滅し、その世界の一つ一つにまた微塵数の諸仏の世界があって生起し消滅するのを見た。

その世界の一つ一つに、世界を構成する風輪《ふうりん》・水輪《すいりん》・火輪《かりん》・金剛輪《こんごうりん》・地輪《じりん》があり、衆山《しゅせん》に囲まれた海洋（須弥山《しゅみせん》の周囲の大海）があり、諸天の宮殿、龍王の宮殿、夜叉《やしゃ》・乾闥婆《けんだつば》・迦楼羅《かるら》などの精霊・鬼神と人と人以外の生き物の城郭・宮殿がある。

それらの世界に地獄・餓鬼・畜生・阿修羅・人間の五道《ごどう》の輪廻《りんね》があり、ここに死に、かしこに生まれる。それらの世界には、浄《じょう》あり不浄《ふじょう》あり、浄にして不浄あり、不浄にして浄あり、世界の様相はさまざまであった。

そして、それらの世界のあらゆるところに妙徳救護衆生とよばれる夜の女神の姿があり、それぞれに救いをなしているのが見えた。地獄の衆生のためには諸《もろもろ》の楚毒《そどく》を滅し、餓鬼道の衆生のためには飢渇《きかつ》の苦を除き、諸の龍らのためには一切の恐怖を滅し、人間界の衆生のためには闇の恐怖、死の恐怖を除き、悪知識に近づくこと、善知識を見失うことの不安を除き、煩悩の障《さわ》り、諸の繋縛《けばく》などの一切の怖畏《ふい》・業障《ごっしょう》を滅する。

そうして夜の女神は、一切衆生の愚癡《ぐち》の闇に光をもたらすのだった。この不可思議な光景を見たスダナは、女神に合掌礼拝し、偈《げ》を誦《じゅ》して礼讃《らいさん》した。

我れ妙身《みょうしん》を見たてまつるに相好《そうごう》自《おの》ずから荘厳《しょうごん》し、清浄《しょうじょう》なること虚空《こくう》の如し。
無量の宝光を放って普《あまね》く十方海《じっぽうかい》を照らし、一切の闇を除滅して自在神力を顕現せり。

夜の女神の境界

スダナは女神に問うた。

「かしこき夜の女神よ。私は女神が示された甚深奇特《じんじんきとく》の菩薩の法をまのあたりにいたしました。この法門の名は何でしょうか。また、もとは何を修され、この法を成就されてから、どれほどの時がたったのでしょうか」

夜の女神はこのように答えた。

＊

良家の子よ。この法門の境界は、天の神々も世間の人びとも、よく知ることはできません。なぜなら、普賢菩薩の誓願に随順して行じ、成就せられた大悲の境界であるからです。

この法門は、一切の衆生を救護《くご》する菩薩の境界にあります。

この法門は、一切の悪道の諸難を除滅する菩薩の境界にあります。

この法門は、一切の仏刹《ぶっせつ》で仏法を守護して断絶なからしめる菩薩の境界にあります。

この法門は、一切の劫において菩薩行を修して大願海を満たす菩薩の境界にあります。

この法門は、一切衆生の愚癡の闇障《あんしょう》を滅し普《あまね》く一切を照らす菩薩の慧光《えこう》の境界にあります。

この法門は、一念のうちに明浄の慧光が普く三世の方便海を照らす菩薩の境界にあります。

＊

遠い過去の宝燈華王国にて

そして女神は、自身の過去をこのように語った。

＊

良家の子よ。遠い過去の微塵数の劫のかなたに、輝けるものの威徳と栄光が示されたヴァイローチャナ・テージャッハシュリー（毘盧遮那《びるしゃな》威徳《いとく》吉祥《きっしょう》・明浄《みょうじょう》明徳幢《みょうとくどう》）という世があり、ヴィラジョーマンダラ（離垢円満《りくえんまん》）という時がありました。

そのとき須弥山《しゅみせん》の山塊を粉々にした塵の数ほど多く、微塵数《みじんじゅ》の諸仏が出現しました。それら諸仏の世界は七宝で合成され、多くの宝石で荘厳され、離垢清浄の宝網でおおわれ、それぞれの仏に四《し》大州《だいしゅ》（須弥山の四方の大陸・四天下）の世界があって、その数は十万億那由他《なゆた》の多さでした。仏刹《ぶっせつ》（仏の国）は如来の威徳によって荘厳されていますが、多くの四大州のなかには全く清らかなところもあれば、不浄の混ざっているところもあり、神々や人びとにも煩悩に汚染されている者がいます。

この世界の東方にラトナクスマプラディーパ・ドヴァジャー（宝燈華幢《ほうとうけどう》）という四大州がありました。それは清浄の国で、作物は種を蒔かなくても育ち、林の木々はふくよかな香りを放ち、家々や宮殿は手をくわえなくても美しく組み立てられます。

この四大州に百万億那由他の諸王の都があり、それぞれの王国に十億百千那由他の町や村々があって人びとが暮らしていました。この四大州のうち南方海上のジャンブ州（閻浮提《えんぶだい》）にラトナクスマプラディーパー（宝燈華《ほうとうげ》）という豊かな王国があり、ヴァイローチャナラトナ・パドマガルバ・シュリーチューダ（毘盧遮那宝蓮華蔵妙吉祥髻《びるしゃなほうれんげぞうみょうきっしょうけい》・明浄宝蔵妙徳《みょうじょうほうぞうみょうとく》）という王がいました。この王は、かの転輪聖王《てんりんじょうおう》と同じく、法をもって天下をしろしめす威大な法王でした。

そして、この大法王にサンプールナシュリーヴァクラー（具足円満吉祥面《ぐそくえんまんきっしょうめん》・妙徳成満《みょうとくじょうまん》）という王妃がいたのです。王妃の肌は金色で、常に光明を放ち、周囲一千由旬を照らしました。

また、この王と王妃に、パドマバドラービラーマ・ネートラシュリー（普喜吉祥蓮華眼《ふききっしょうれんげげん》・妙徳眼《みょうとくげん》）という王女がいたのです。王女は美しく、愛らしく、人びとが王女を見れば、いつまでも飽きることなく見つめているのでした。

ときに、この王国の都の北郊に大きな菩提樹がしげっていました。それは根も枝葉も多くの宝玉で荘厳された道場樹（さとりの樹）です。そして、この菩提樹の前に清らかな池があり、香りがよい水が満ちていました。

この池に、三世一切諸仏の荘厳を集めて一つの大きな蓮の花が咲きました。そして、この大蓮華の中でサマンタジュニャーナールチ・シュリーグナケートゥ・ドヴァジャ（普智宝焔妙徳幢《ふちほうえんみょうとくどう》）、すなわち智慧の威光と功徳の幢《はた》を立てる妙徳幢仏が無上道を成就され、世に出現されたのでした。先に話した微塵数の諸仏の最初です。

この妙徳幢如来は衆生を済度《さいど》するために、垢《く》を離れる智慧の光明を放ち、一万年にわたって輝きの神変を示現しました。人びとは、この光の中で、さらに一万年後に如来が出現することを知りました。さらに、その九千年後にも如来が出現することを知り、同じく八千年後、七千年後、六千年後、五千年後、四千年後、三千年後、二千年後、一千年後、百年後、七日後の如来の出現を知って、この道場の菩提樹下から一切衆生の歓喜がもたらされたのです。

良家の子よ。

かの妙徳幢如来は一万年にわたって光明を輝かせて、満七日を過ぎ、世界は六種に震動して全ては浄化されました。

そのとき、かの大蓮華をとりまいて微塵数の蓮華が咲きだしてきました。その一つ一つの蓮華の蘂《しべ》の上に宝玉の獅子座があり、それぞれ威大な菩薩が坐しています。

そして妙徳幢如来は一切の世界で法輪を転じ、無量の衆生をして悪道の苦を離れしめて、声聞《しょうもん》・縁覚《えんがく》（出家修行の僧）の聖者の道を歩ませ、さらに菩薩の道を示しました。すなわち、無量の衆生のなかに離垢幢精進菩薩《りくどうしょうじんぼさつ》の行を立て、法光明菩薩《ほうこうみょうぼさつ》の行を立て、清浄根菩薩《しょうじょうこんぼさつ》の行を立て、平等諸《びょうどうしょ》力菩薩《りきぼさつ》の行を立て、入正法城菩薩《にゅうしょうぼうじょうぼさつ》の行を立て、不壊神力菩薩《ふえじんりきぼさつ》の行を立て、一切方便菩薩《いっさいほうべんぼさつ》の行を立てて、無量の衆生を菩薩道に向かわせ、清浄の諸波羅蜜を立て、菩薩の十地（修行の階梯）を立て、菩薩の大願殊勝の行を立て、無量の衆生をして普賢菩薩の清浄の願行に向かわせたのです。

良家の子よ。

ところが、この輝かしい宝燈華《ほうとうげ》王国の都城に、自分の容貌の美しさを自慢し、享楽に心を奪われて、たがいに他の人を軽蔑する者たちがいました。

そこで普賢菩薩が、かれらを教化するために美しい身なりの身体を都城に現して光明を放ち、都城の全体を照らしました。すると、宮殿の宝飾はもとより、宝燈華王国の法王の威光も王妃の光明も、日月・星々も輝きを失って聚墨《じゅもく》のような単色に変じてしまいました。

人びとが「これは天の神々が降臨したのか」と驚くなかで、普賢菩薩は法王の宮殿の上空にとどまって告げました。「王よ、まさに今、都城の北、聖なる菩提樹のもとで如来が出現されたのだ」と。

威大な法王は空中から響いた声を聞いて歓喜し、このことを天下に知らしめたいと欲しました。そして、宮殿の妃たちと王子・王族たち、大臣ならびに諸種の軍団をひきいて空に昇って大光明を放ち、四大州の全土を照らし、普《あまね》く衆生のために偈をもって妙徳幢如来の出現を頌《じゅ》したのです。

如来世間に出《い》でて普く群生《ぐんじょう》を救い給う。汝《なんじ》ら速やかに立ちて世尊の所に往詣すべし。
普く群生を見るに愚癡顛倒《ぐちてんどう》に惑《まど》い、生死《しょうじ》の苦に流転《るてん》する故に大悲を起こし給う。
如来は道場に在《あ》りて一切の魔を降伏《ごうぶく》し、無上の最正覚《さいしょうがく》を成《じょう》じ給う。
各《おのおの》衆《しゅ》の供具《くぐ》を弁じて如来の所に詣で、恭敬《くぎょう》し供養《くよう》すべし。

こうして上空から天下に妙徳幢如来の出現を知らしめた法王は、自身も眷族・軍団とともに如来の道場に詣で、世尊のみ足をいただいて礼拝しました。王妃の妙徳成満《みょうとくじょうまん》も、王女の妙徳眼《みょうとくげん》も、如来に礼拝して、身につけていた瓔珞《ようらく》などの飾りをはずし、如来にささげて供養しました。

そのとき、妙徳幢如来は一切如来法輪妙音《いっさいにょらいほうりんみょうおん》という修多羅《しゅたら》（経典）を転じ、さらに微塵数の同類の修多羅を転じられました。王女はこの法を聞いて、種々一万の三昧を得ました。いわゆる現在の諸仏を見る三昧、普く一切の仏刹を照らす三昧、深く三世に入る三昧、一切衆生の癡闇《ちあん》を滅する三味などです。

また王女は、若木が萌えいずるように心身の柔軟《にゅうなん》を得ました。すなわち、歓喜の心、正しい希望の心、善知識の教えに従う心、瞋恚《しんに》（怒り）を滅する心、平等の心、疲れのない心、不退転の心、懈怠《けだい》を離れる心、一切の衆生海を分別する心、一切の衆生海を救護《くご》する心などを得たのです。

そして、その心から微塵数の法門が生じました。いわゆる、一切の衆生を教化する法門、一切の法海を究竟する法門、一切の世界において尽未来劫《じんみらいごう》に菩薩の行を修する法門などです。

良家の子よ。この妙徳眼王女が過去の私です。

そのときの大法王は過去の弥勒菩薩です。そして、妙徳成満王妃は今、このマガダ国の道場で私のそばにいるプラシャーンタルタ・サーガラヴァティー（寂静音海《じゃくじょうおんかい》）という名の夜の女神なのです。

＊

五百の諸仏のもとで

それから王女は如来の教えのもとにあり、微塵数の諸仏に仕えた。今から十大劫の過去の日輪光《にちりんこう》照《しょう》という世界にいたときには、普賢菩薩の教えによって蓮華の如来像を造り、多くの宝玉で荘厳したのだった。夜の女神は、その自身の過去をさらに語った。

＊

良家の子よ。それからマハープラバ（大光明）という劫（時代）があり、五百の仏が出現しました。

その最初の大悲幢《だいひどう》如来のときに私は夜天女《やてんにょ》となって出家し、この仏に仕えました。次の金剛那羅《こんごうなら》延幢《えんどう》如来のとき、私は転輪聖王《てんりんじょうおう》となって仏に恭敬し供養しました。次の明浄炎妙徳山荘厳《みょうじょうえんみょうとくせんしょうごん》如来のときは富豪となり、次の一切法海起王《いっさいほうかいきおう》如来のときは阿修羅となり、次の如来のときは龍の娘となり、次は海神となり、次は仙人となり、次は地天《じてん》となって恭敬し供養し、諸仏が説かれる修多羅（経）を受けました。

そうして五百の最後の如来のとき、私はアビラーマシュリーヴァクラー（可喜吉祥面《かききっしょうめん》・善口《ぜんく》）という伎楽《ぎがく》の女優でした。如来が都城に入られて伎楽が奉納されたとき、私は仏の威神力を受けて空中に立ち、一千の偈を頌《じゅ》して如来を讃えました。

良家の子よ。私はこのように諸仏を恭敬し供養して、諸仏の説かれる法を受持し、普賢菩薩の行を修めてきました。そして今、一念一念に悉《ことごと》く無量無辺の諸仏を見ることができます。

＊

こうして妙徳救護衆生の夜の女神は過去を語り、そのことを重ねて偈で告げた。

＊

仏子善財、応《まさ》に諦聴《たいちょう》すべし。
甚深《じんじん》にして見難《みがた》き法は普く三世を照らし深法《じんほっ》界を分別《ふんべつ》し、
我れ、出《い》でたまいし須弥山塵数《しゅみせんじんじゅ》の如来を悉く恭敬し供養したてまつる。
仏刹微塵数《ぶっせつみじんじゅ》の如来を悉く恭敬し供養して調伏一切衆生《じょうぶくいっさいしゅじょう》の法を逮得《たいとく》せり。

しかし良家の子よ。私はこの一切衆生を教化する法門を知っているにすぎません。真に威大な菩薩たちは無量無辺の菩薩行の海を究めています。

良家の子よ。過去世に先に話した王妃であった夜の女神プラシャーンタルタ・サーガラヴァティー（寂静音海）が、この菩提道場にいらっしゃいます。この女神は百万阿僧祇《あそうぎ》の夜天女にかしずかれています。行って尋ねなさい。菩薩の道は、いかに学び、いかに修すべきかを。

＊

スダナ・クマーラ＝善財童子は妙徳救護衆生の夜の女神に礼拝し、そのもとを辞した。

菩薩の道は、常に諸仏を礼拝し、供養するところに開かれる。

㉟ 寂静の夜の女神

無量歓喜荘厳の法門

大商主の子スダナは、夜の女神が示した調伏一切衆生の法を念じながら夜の女神プラシャーンタルタ・サーガラヴァティー（寂静音海《じゃくじょうおんかい》）のもとへ行き、礼拝して告げた。「かしこき夜の女神に教えを乞いにまいりました。私はかの無上菩提を求めて発心《ほっしん》し、良きミトラ（善知識）に導かれて菩薩の道を進んできました。私はさらに菩薩行を修していきたいと決意しております。かしこき夜の女神よ、私にお説きください。女神にはどのように菩薩行を修されたのかを」と。

スダナの問いを受けて、寂静音海の夜の女神はこのように語った。

＊

良家の子よ。私は一切衆生の心願の海を浄めて塵垢《じんく》を除滅し、清浄荘厳《しょうじょうしょうごん》を願う心を断ぜず、宝《ほう》山荘厳《ざんしょうごん》の功徳の不動心を維持して、煩悩の染着《せんじゃく》なく、常に衆生の前に現れて救護《くご》をなし、一切の諸仏・諸菩薩の海を見て普《あまね》く一切の智慧海《ちえかい》を照らす心を得ました。

良家の子よ。私は衆生の憂いと苦を滅し、視覚・聴覚・味覚など六根の悪しき惑いを離れさせて、愛別離苦《あいべつりく》（愛するものと別れる苦しみ）・怨憎会苦《おんぞうえく》（恨み・憎しむものと出会う苦しみ）および一切の悪因縁《あくいんねん》（苦を生起させる原因と条件）をとりはらって生老病死《しょうろうびょうし》の愁憂《しゅうう》・悲嘆《ひたん》・懊悩《おうのう》の苦を滅し、如来の無上の幸福を得させます。

良家の子よ。私は都市・村落のどこでも人びとを救護し、広く法を説いて一切種智《いっさいしゅち》（平等と相違を超克する空《くう》の根源智）に近づけます。

もし宮殿・楼閣に暮らして心が資産・俗楽にとらわれている人があれば、その執着を断じ、諸法の真実の性質を知らしめます。

もし父母・兄弟姉妹・妻子らの親族・血族と暮らし、その愛着に惑う人があれば、諸仏・諸菩薩と倶《とも》に会わしめ、生死愛欲《しょうじあいよく》の海を乾かして大悲の心をおこし、賢聖《けんじょう》の快楽《けらく》を逮得《たいとく》させます。

もし瞋恚《しんに》（怒り）をおこす者あれば、その人のために法を説いて如来の忍辱波羅蜜《にんにくはらみつ》を得させます。

もし懈怠《けだい》の者あれば菩薩の精進波羅蜜を得させ、もし乱心の者あれば如来の禅波羅蜜を得させ、もし邪癡《じゃち》の者あれば般若（智慧）波羅蜜を得させます。

三界の世に執着する人には法を説いて輪廻の苦から出離させ、小乗の仏道を願う人には衆生済度の大願をおこさせて菩薩の力《りき》波羅蜜を得させます。貧窮《ひんぐ》の者には菩薩の清浄の蔵を得させ、迷いの道にある者には正法《しょうぼう》を説いて一切智の道を示し、声聞《しょうもん》・縁覚《えんがく》（小乗の徒）と大乗の菩薩の地を過ぎて如来の地に入れます。

私はこのように無量の法施《ほうせ》（仏法の恵みの施し）をもって衆生を摂取・救済し、種々の方便をもって衆生を教化《きょうけ》・済度《さいど》します。

また良家の子よ。

私は諸菩薩の大海を見ることができます。諸菩薩は種々の誓願を修し、種々の浄身を顕《あらわ》し、種々の浄光を放っています。

諸菩薩の種々の道は薩婆若《さばにゃ》（一切智）に至り、種々に虚空の法界を荘厳し、種々の荘厳の雲は虚空を覆います。

また、種々の衆生海と十方世界の無量の仏刹《ぶっせつ》（仏国土）の諸仏のみもとの菩薩らを見るに、普く妙荘厳の雲から雨をそそぎ、深く如来の方便海に入って法海を渡り、智の海に至る。

また良家の子よ。

私は、輝けるヴァイローチャナ（毘盧遮那仏《びるしゃなぶつ》）の不可思議・清浄の身体を見ることができます。

毘盧遮那仏は一念一念に一一《いちいち》の毛孔《もうく》より仏刹微塵数《ぶっせつみじんしゅ》に等しき光を放ち、光明は普く一切を照らして法界に満ち、一切衆生の苦悩を除滅します。

毘盧遮那仏は一念一念に頭頂および両肩より仏刹微塵数に等しき宝光山雲《ほうこうせんうん》を放ち、普く一切を照らして法界に満たします。

毘盧遮那仏は一念一念に一一の毛孔より仏刹微塵数に等しき香雲を放ち、普く一切を照らして法界に満たします。

それらの光明を見ると、私の心は歓びに満たされます。その毛孔より放たれる自在力雲は、初発心の菩薩の波羅蜜、および菩薩の諸地（菩薩道のさまざまな段階）を輝かせるのです。また、その光の中に、夜叉《やしゃ》・乾闥婆《けんだつば》・阿修羅《あしゅら》・迦楼羅《かるら》・摩睺羅伽《まごらが》などの鬼神や幽鬼・精霊らの身体の雲を現し、あるいは転輪聖王《てんりんじょうおう》・梵天王《ぼんてんのう》・龍王らの身雲を現し、あるいは人間界の王の身雲を現して法を説き、それぞれに適した化身の姿で度すべき者を度し、一念一念に薩婆若《さばにゃ》（一切智）に至る大いなる歓喜の大海に人びとを導き入れるのです。

　しかし、良家の子よ。

　この一切智の海において、生じているものは生じるに非《あら》ず、何かを得るといえども得るに非ず、見るといえども見るに非ず、薩婆若に入るといえども入るに非ず、度すといえども度すに非ず、満つるといえども満つるのではありません。なぜなら、法界の性《しょう》を了知するに、三世の法は悉《ことごと》く一《いっ》性《しょう》にして異《い》あることはないからです。

　良家の子よ。これが無量歓喜荘厳《むりょうかんぎしょうごん》の法門です。

　仏子《ぶっし》（仏の子・弟子）よ。この法門は、さまざまな方便法海を究竟したところにあり、無量無辺の広大な法門です。

　この法門が減損することはありません。薩婆若は壊《え》すること能《あた》わざるゆえに。

　この法門を究め尽くすことはできません。衆生の妄想《もうぞう》は尽くすこと能わざるゆえに。

　この法門はもっとも甚深《じんじん》です。寂静智《じゃくじょうち》（さとりの智慧）の境界にあるゆえに。

　この法門はすなわち普門《ふもん》（すべてに開かれた門）です。一相《いっそう》に一切の自在力を摂取するゆえに。

この法門は大地輪《だいじりん》（万物を育む大地）のごとし。一切衆生を饒益《にょうやく》するゆえに。

この法門は大水輪《だいすいりん》のごとし。広大の悲をもって衆生を潤すゆえに。

この法門は大火輪《だいかりん》のごとし。衆生の諸《もろもろ》の貪愛《とんあい》を消渇《しょうかつ》するゆえに。

この法門は大風輪《だいふうりん》のごとし。一切衆生をして薩婆若の中に立てるゆえに。

この法門は大海のごとし。功徳をもって一切の衆生を荘厳するゆえに。

この法門が須弥山《しゅみせん》のごとし。功徳の大海中に聳《そび》えるゆえに。

この法門は大城郭《だいじょうかく》のごとし。諸の街巷《がいこう》の中に構築されるゆえに。

この法門は虚空《こくう》のごとし。三世諸仏の自在無上なるゆえに。

この法門は慶雲《けいうん》のごとし。普く衆生に甘露《かんろ》の法を雨ふらすゆえに。

この法門は白日《びゃくにち》（真昼の太陽）のごとし。普く一切を照らして癡闇《ちあん》を滅するゆえに。

この法門は満月のごとし。衆生の功徳海を満たすゆえに。

この法門は音響のごとし。求めに応じて法音を届けるゆえに。

この法門は電光のごとし。求めに応じて光を届けるゆえに。

この法門は樹木の王のごとし。一切諸仏の功徳の花と果実をならせるゆえに。

この法門は宝幢《ほうどう》のごとし。一切諸仏の平等の法輪を掲げて妙音を響かせるゆえに。

良家の子よ。

無量歓喜荘厳の法門は、ただこれらの譬喩《ひゆ》によってのみ、あなたに語ることができます。

＊

遠い過去の無垢金光荘厳世界にて

そこでスダナは女神に尋ねた。「かしこき寂静音海の夜の女神は、いかに修して、この法を成就されたのでしょうか」と。

女神はこのように答えた。

＊

仏子よ。私は十の妙法を修して、この法門を成就しました。

一には布施を行じて一切の衆生海を歓喜せしめ、二には浄戒を保持して諸仏の功徳の大海を満たし、三には忍辱《にんにく》を修して一切諸法の性《しょう》を了知し、四には精進を行じて薩婆若への道を退かず、五には禅定を修して一切衆生の煩悩を除滅し、六には智慧を修して一切の法海を分別・了知し、七には方便を行じて一切衆生を教化し、八には大願を立てて菩薩行を修し、九には諸力《しょりき》を行じて一念一念に正覚を成じ、十には無尽智《むじんち》を修して三世の法を了知し、障礙《しょうげ》するところなし。

良家の子よ。私はこの十波羅蜜を修して、この法門を生起し、浄化し成就し長養し保持してきました。

＊

スダナは重ねて尋ねた。「かしこき夜の女神が無上菩提を求めて発心されたのは、どれほどの過去のことでしょうか」と。

女神はこのように語った。

＊

良家の子よ。二つの仏国土を微塵に砕いた塵の数ほど無数の劫の過去に、サマンターヴァバーサ・ドヴァジャ（普照光幢《ふしょうこうどう》）という時があり、カナカヴィマラ・プラバーヴューハ（無垢金光荘厳《むくこんこうしょうごん》）という世界がありました。そこにサマンタサンプールナ・シュリーガルバ（普満妙蔵《ふまんみょうぞう》）という国があって、サルヴァラトナ・ガルバヴィチトラーバ（一切宝蔵衆色光明《いっさいほうぞうしゅしきこうみょう》）とよばれる菩提道場（さとりの座）があり、その菩提樹下でアヴィヴァルティヤ・ダルマダートゥニルゴーシャ（不退転法界妙音《ふたいてんほっかいみょうおん》）如来が成道されました。そのとき私は、この菩提道場の夜天女《やてんにょ》、すなわち菩提樹神だったのです。私は如来が成道して神変を示されるのを見て、無上菩提を求めて発心し、普照如来功徳海《ふしょうにょらいくどくかい》の三昧を得ました。

次に同じ菩提道場で法樹功徳山《ほうじゅくどくせん》如来が成道されたとき、私はやはり菩提樹神として如来が法輪を転じられるのを拝し、普照一切離貧境界《ふしょういっさいりひんきょうがい》の三昧を得ました。

次に同じ菩提道場で一切法海妙音声王《いっさいほうかいみょうおんじょうおう》如来が成道されたとき、私はやはり菩提樹神として如来を拝し、成就一切法地《じょうじゅいっさいほうじ》の三昧を得ました。

良家の子よ。そうして私は、この遠い過去の無垢金光荘厳世界において十仏の国土を微塵に砕いた塵の数ほど無数の如来にまみえて種々の三昧を得たのです。そして私は、天王・龍王・夜叉王・

乾闥婆王・迦楼羅王・緊那羅王・摩睺羅伽王ら神々と精霊・鬼神らの王の姿をとり、あるいは人間界の王や老若男女の姿をとって諸仏を恭敬し供養しました。

この長い転生をへて私は、最後に蓮華蔵荘厳世界海《れんげぞうしょうごんせかいかい》の娑婆《しゃば》世界に転生し、菩提道場の夜天女となりました。それは娑婆世界の過去七仏の第四である倶留孫仏《くるそんぶつ》のときでした。私は倶留孫仏にまみえて離垢一切香王光明《りくいっさいこうおうこうみょう》の三昧を得ました。

次に倶那含牟尼仏《くなごんむにぶつ》が菩提道場で成道されたとき、私はやはり夜天女として倶那含牟尼仏にまみえ、随順普照一切刹海《ずいじゅんふしょういっさいせっかい》の三昧を得ました。

次に迦葉仏《かしょうぶつ》が菩提道場で成道されたとき、私はやはり夜天女として仏にまみえ、妙音声海分別《みょうおんじょうかいふんべつ》一切衆生音海《いっさいしゅじょうおんかい》の三昧を得ました。

そして今また、毘盧遮那仏が道場に坐し、菩提樹下で無上の正覚を成じられました。私は毘盧遮那仏が一念一念に無量の自在神力海を顕現されるのを拝して、先に語った無量歓喜荘厳の法門を得たのです。

私はこの法門を得てから深く不可説微塵数の法界方便海に入りました。この方便海において、十方不可説の無数の仏国土があり、私はその諸仏にまみえて法を受けました。その一切の諸仏がそれぞれ全身の毛孔から化身の海を出し、法輪を転じて修多羅《しゅたら》（経典）の雲を湧き立たせ、法界を満たしているのです。

一つ一つの法雲は一切諸法の波浪を生みだし、一つ一つの波浪は一切の歓喜法海《かんぎほうかい》を逮得し、一つ一つの歓喜法海は一切の諸《もろもろ》の功徳地《くどくじ》を生みだし、一つ一つの功徳地は一切の諸の三昧海を生みだし、一つ一つの三昧海は一切の仏海《ぶっかい》を見て、一つ一つの仏のもとで一切の光明海を得、一つ一つの光明海は普く三世を照らします。

良家の子よ。あなたは私に、いつ発心したのかと尋ねました。それはここに話したとおりです。そして、この娑婆世界の過去七仏の倶留孫仏《くるそんぶつ》・倶那含牟尼仏《くなごんむにぶつ》・迦葉仏《かしょうぶつ》を供養し、今の毘盧遮那仏を恭敬し供養するのと同じく、賢劫《けんごう》（現在の劫）の未来の諸仏にも恭敬し供養するでしょう。しかも良家の子よ。私が遠い過去に発心した無垢金光荘厳世界も今なお、ここにあるのです。ゆえに良家の子よ。あなたは一心に、この法門を修しなさい。

＊

このように語った寂静音の夜の女神は、重ねて偈をスダナに告げた。

＊

我れ無量の劫海《こうかい》に菩薩行を修して一切智蔵《いっさいちぞう》に入り、
諸仏を供養して無量歓喜荘厳の法門を究竟せり。
老病貧窮等《ろうびょうひんぐとう》、衆生の苦悩を除滅して安穏ならしめん。
願わくは無量劫に一切の仏を見たてまつり、生死の苦を滅せん。

＊

それから夜の天使はスダナに告げた。

しかし良家の子よ。私はこの無量歓喜荘厳の法門を得たにすぎません。真に威大な菩薩たちは深く法界に入り、一切の劫を分別・了知して、一切の世界海の生成と消滅を知っています。

良家の子よ。この菩提道場の集会《しゅうえ》のなかに、あらゆる都城を守護する力をもつサルヴァナガラ・ラクシャーサンバヴァ・テージャッハシュリー（守護一切城増長威徳主《しゅごいっさいじょうぞうちょういとくしゅ》・妙徳守護諸城《みょうとくしゅごしょじょう》）という夜の女神がいます。行って尋ねなさい。菩薩の道は、いかに学び、いかに修すべきかを。

＊

そこでスダナ・クマーラ＝善財童子は無量歓喜荘厳の女神を讃える偈を誦して女神に礼拝し、そのもとを辞した。

＊

我れ善知識の教えを受け、夜天女の御許に詣でて浄身を見たてまつる。
夜天女には三世の相を取らずして而《しか》も能《よ》く法を説きたまう。
我れ無量の衆生海に著《じゃく》することなく菩薩の法門を修せん。

菩薩は時を超えて諸仏を供養し、
諸仏の力を受けて人びとの苦を除く。

㊱心の城を守る夜の女神

甚深妙徳自在音声の法門

大商主の子スダナは無量歓喜荘厳の法を念じながら夜の女神サルヴァナガラ・ラクシャーサンバヴァ・テージャッハシュリー（妙徳守護諸城《みょうとくしゅごしょじょう》）のもとに行った。その女神は無量不可説の眷族《けんぞく》（従者）の夜天女の中央に坐し、十方の一切衆生のところに化身を放出していた。

スダナは女神に礼拝して告げた。「かしこき夜の女神に教えを乞いにまいりました。菩薩の道はいかに学んで衆生を利益《りやく》し、如来のみわざを修していくのでしょうか」と。

スダナの問いを受けて、妙徳守護諸城の夜の女神はこのように語った。

＊

良家の子よ。人びとを救護《くご》することを願って菩薩の道を問うあなたを、私は祝福します。

仏子《ぶつし》（仏の子・弟子）よ。私はすでに甚深妙徳自在音声《じんじんみょうとくじざいおんじょう》の法門を成就しました。それゆえ私は無礙《むげ》の宣教者として如来の法蔵を開き、如来の大悲大慈のもとで人びとの菩提心《ぼだいしん》（さとりの安らぎを求める心）を養い、人びとを一切智に導きます。

私は一切の世界で太陽となり、一切衆生の善根《ぜんごん》（未来に幸いを生みだす良い性質）を照らします。また、一切衆生の不善の業《ごう》（おこない）を断ち、善業をおこなわせて衆生を救護し、饒益《にょうやく》します。

仏子よ。私は十行をもって法界を観察《かんざつ》し、法界に随順して人びとに法を示します。

一には法界の無量なるを知る。智慧無量なるゆえに。

二には法界の無量無辺なるを知る。悉《ことごと》く一切の諸如来を見るゆえに。

三には仏の法界の無量無辺なるを知る。一切の刹土《せつど》に詣でて諸仏を恭敬と供養するゆえに。

四には法界の分際《ぶんざい》なきを知る。一切の世界海において菩薩行を行じるゆえに。

五には法界の壊《え》すべからざるを知る。如来の沮壊《そえ》すべからざる円満智を究竟するゆえに。

六に法界は一なるを知る。如来の妙音は一切衆生の聞かざるなきがゆえに。

七に法界は自然《じねん》に清浄《しょうじょう》なるを知る。一切衆生を教化して仏の願を満ずるゆえに。

八に法界は徧《あまね》く衆生に至ることを知る。深く普賢菩薩の行に入るゆえに。

九に法界は一切荘厳なるを知る。普賢菩薩の行は自在に荘厳するゆえに。

十に法界は滅すべからざるを知る。一切智の善根は法界に充満して諸《もろもろ》の衆生をして悉く清浄ならしめるゆえに。

仏子よ。私はこの十行をもって法界を観察し、善根を増長して如来の境界の不可思議であることを知りました。そして一万の陀羅尼《だらに》（仏の威力を保持する霊句）をもって人びとに法を顕現しました。すなわち一切諸法を摂取する円満陀羅尼、一切諸仏の名号を転じる円満陀羅尼、三世の諸仏の大願海を宣じる円満陀羅尼、一切衆生の業海を照らす燈蔵陀羅尼などです。

仏子よ。私は衆生のために種々の方便をもって無量不可説の法を敷衍《ふえん》してきました。私は深く無《む》壊《え》の法界に入り、普賢菩薩の行を修して、すでに甚深妙徳自在音声《じんじんみょうとくじざいおんじょう》の法門を成就して一念一念に悉く一切の法門を長養して法界に充満させます。

＊

遠い過去の離垢光明の時に

スダナは、この妙徳守護諸城《みょうとくしゅごしょじょう》の女神に尋ねた。「かしこき夜の女神には、どれほどの過去に、この法門を得られたのでしょうか」と。

女神はこのように語った。

＊

太初の劫のかなた、転世界の微塵数の劫の過去にヴィマラプラバ（無垢焔光《むくえんこう》・離垢光明《りくこうみょう》）という時があり、ヴィチトラドヴァジャー（荘厳幢《しょうごんどう》）という四大州（須弥山と四方の島からなる一世界）があり、そこにサマンタラトナ・クスマプラバー（普宝華光《ふほうけこう》）という王都がありました。

この王都の近郊に菩提道場があり、そこでサルヴァダルマ・リーガラニルゴーシャ・プラバラージャ（一切法界大声光明王《いっさいほっかいだいしょうこうみょうおう》）如来が成道されました。

この国の王ヴィマラヴァクトラ・バーヌプラバ（無垢面日光明《むくめんにちこうみょう》）は如来の教えを受けて、かの転《て》輪聖王《りんじょうおう》のように法をもって統治し、仏のみもとで正法《しょうぼう》を維持し、海のように多くの修多羅《しゅたら》（経典）を護持して、この如来の入滅後には自身も出家して法王となり、仏道を修しました。

ところが、如来の滅後に正法が衰え、悪劫（悪い世の中）が興ったことがありました。人びとは煩悩熾盛《ぼんのうしじょう》にして瞋恚《しんに》（怒り）にとらわれ、忿怒《ふんぬ》の毒をあおり、闘諍《とうじょう》して傷つけあいました。尊ばれるべき比丘《びく》（僧）たちでさえ仏道にそむいて因果を恐れず、放逸にして世間のことに心を奪われていました。

法王は仏法の灯火が消えかかっていることを歎き、ふたたび天下に如来の教誡《きょうかい》を輝かせることを願いました。そして天空に昇って大光明の雲を放ち、普く十方を覆って世界を照らしました。その光は人びとの煩悩の闇をとりはらい、その後六万五千年にわたって如来の教誡を輝かせて正法を興《こう》盛《じょう》に護持したのです。

そのとき、その国にダルマチャクラ・ニルマーナプラバー（法輪変化光《ほうりんへんげこう》）という比丘尼《びくに》（尼僧）がいました。この比丘尼は出家するまえには、かの光明王の王女でした。

比丘尼は父王が天空から光雲を放って如来の教誡を輝かせる神変に心をうたれて、かの無上菩提に至る菩薩の道を行こうと発心《ほっしん》しました。そして、不退転に歩んで、一切諸仏の灯明三昧と甚深妙徳自在音声の法門を得たのです。

良家の子よ。このときの父王は普賢菩薩の化身であり、王女の比丘尼は過去世の私だったのです。私は眷族の十万の比丘尼とともに法輪光明三昧を得て、一切法界に入る方便般若波羅蜜を建立《こんりゅう》しました。

それから次に離垢《りく》宝山《ほうざん》如来があり、次に法円満光明周羅《ほうえんまんこうみょうしゅうら》如来があり、次に法日妙雲《ほうにちみょううん》如来があり、次に甚深《じんじん》法妙徳月《ほうみょうとくがつ》如来等の微塵数の仏が世にありました。私はそれらの諸仏にまみえて恭敬し供養して教えを受けました。

仏子よ。人びとが生死の輪廻のなかで眠りつづけているときでも、私は醒《さ》めて、人びとの心の城を守護し、仮そめの三界の城から離れさせ、一切智に至る無上道の城に入れます。

しかし良家の子よ。

私はこの甚深妙徳自在音声の法門を得ているにすぎません。真に威大な菩薩たちは衆生がどんな言葉で語ろうとも了知し、衆生のために一切の法雲を出して救いをもたらし、諸法の境地を満たす陀羅尼を得させます。

良家の子よ。この菩提道場の毘盧遮那如来の集会《しゅうえ》のなかに、樹々に花を咲かせるサルヴァヴリクャ・プラプッラナスカ・サンヴァーサー（能開敷一切樹花安楽主《のうかいふいっさいじゅけあんらくしゅ》・開敷樹華《かいふじゅけ》）という夜の女神がいます。行って尋ねなさい。菩薩の道は、いかに学び、いかに修すべきかを。

＊

そして妙徳守護諸城の女神は、このことを偈をもって重ねてスダナに告げた。

無量の法門は不可思議の諸法を出生《しゅっしょう》して三世諸仏の法を了達《りょうだつ》す。

我れ十刹海塵《じっせつかいじん》の諸仏を観見《とけん》したてまつり、
恭敬《くぎょう》し供養《くよう》して甚深妙徳自在音声《じんじんみょうとくじざいおんじょう》の法門を成就せり。

そこでスダナ・クマーラ＝善財童子は偈を誦して女神を讃え、礼拝して、そのもとを辞した。

畏《かしこ》き夜天女《やてんにょ》には智海成満《ちかいじょうまん》し、智慧蔵《ちえぞう》を長養して普《あまね》く十方を照らす。
明浄《みょうじょう》の眼《まなこ》は衆生の無性《むしょう》なるを知り、
深く法海《ほうかい》に入りて其《そ》の源底《げんてい》を窮尽《ぐうじん》し、種々の方便を以《もっ》て群生《ぐんじょう》を度す。
我れも一切衆生の虚妄顛倒《こもうてんどう》の想《そう》を除滅して菩提の道を顕現せん。

菩薩は乱世・悪世のときでも、
仏の教誡を保持して歩みつづける。

㊲ 安息の夜の女神

無量歓喜知足光明の法門

大商主の子スダナは甚深妙徳自在音声の法を念じながら夜の女神サルヴァヴリクャ・プラプッラナスカ・サンヴァーサー（開敷樹華《かいふじゅけ》）のところに行った。

その夜の女神を拝すると、女神は高貴な香木と珊瑚《さんご》の宝樹でつくられた楼閣の中で百万の眷族《けんぞく》の夜天女に囲まれ、宝樹の芽の浮き彫りなど種々の宝石で飾られた獅子座に坐していた。

スダナは女神に礼拝して告げた。

「かしこき夜の女神に教えを乞いにまいりました。菩薩はいかに学び、いかに修せば、かの薩婆若《さばにゃ》（一切智）に至るのでしょうか」

夜の女神はこのように語った。

＊

良家の子よ。私は夕暮れに蓮の花弁をとじます。遊園で一日を過ごした人びとには、いつまでも遊んでいたい心を静めて家に戻る心をおこし、光をともして道を照らし、人びとが迷うことのないようにします。

もし険路《けんろ》に踏み迷う人があれば光明を放って平らな道を示し、心の安息を得させて一切智への道を求めさせます。もし山の暗い洞窟や川の深い淵、広い荒れ野に迷うなど、種々の難所にいる人に私は光を射しかけて行き手を示します。

しかし、もし人びとが五欲（色欲・食欲・財欲・名誉欲など）に放逸《ほういつ》であるなら、私は老病死の苦をはっきりと現します。そうすることで放逸を捨てて善業《ぜんごう》（善いおこない）を修習させるのです。

良家の子よ。

私は慳貪《けんどん》（物惜しみ）の人びとには布施を讃えて、その功徳を教えます。

戒を犯す人びとには浄戒を授けて守護し、持戒の功徳を教えます。

瞋恚《しんに》（怒り）にとらわれている人びとには大慈を讃えて、忍辱《にんにく》の功徳を教えます。

懈怠《けだい》の人びとには菩薩の精進を讃えて、たゆまず歩むことを教えます。

心の乱れた人びとには禅定《ぜんじょう》を教えて、その心を静めます。

愚癡《ぐち》の人びとは深く般若波羅蜜《はんにゃはらみつ》に入れて、その心の闇を除きます。

小乗の小さな願で満足している人びとには大乗の大願を教えます。

迷いの三界にとらわれている人びとには、菩薩の諸波羅蜜を確立させます。

功徳の蓄積が小さくて諸苦に逼迫せられている人びとには菩薩の力《りき》波羅蜜を示します。

無知になびく人びとは菩薩の智波羅蜜に導きます。

良家の子よ。私はこの無量歓喜知足光明《むりょうかんぎちそくこうみょう》の法門を成就しています。

スダナは尋ねた。

＊

「かしこき夜の女神よ。その法門はいかなる境界にありましょうか」

女神はこのように答えた。

＊

良家の子よ。この法門は人びとを如来の光明で包摂するものです。

私は毘盧遮那如来の過去を記憶しており、この法門に入るとき、私は毘盧遮那如来が過去に修された菩薩の行海《ぎょうかい》に入ります。

良家の子よ。毘盧遮那如来が過去に菩薩道の求法者《ぐほうしゃ》であったとき、世の人びとは自我にとらわれ、自分のことばかり考えて、いわゆる我我所《がかしょ》に著《じゃく》していました。人びとは愚かで無明《むみょう》の闇につつまれ、いろいろな邪見をもち、貪愛《とんあい》のままに生きて欲望と瞋恚に縛られ、心は顚倒《てんどう》して慳貪《けんどん》・嫉妬《しっと》にまとわれ、貧窮《ひんぐ》に逼迫《ひっぱく》せられて生死の苦悩を受け、仏に会いたてまつることもできずにいました。

菩薩であった如来は、この衆生を見て大悲の心をおこして摂取し、その苦患《くげん》を除き、福徳を与えて迷いや欲望の一切に染著《せんじゃく》することなからしめたのです。

仏子よ。菩薩であった如来は、大悲大慈の傘蓋《さんがい》を天として衆生を覆い、知足の法をもって智慧の力を養いました。

菩薩であった如来は、煩悩の山を崩して衆生を安楽ならしめ、人それぞれの機根《きこん》（性格）に応じて甘露《かんろ》の雨をそそぎました。

菩薩であった如来は、聖法《しょうぼう》の利をもって等しく衆生に施し、十力《じゅうりき》（仏の種々の威力）の果報と無上の快楽《けらく》を得させ、菩薩の神力自在を成就して法界を満たしたのです。

＊

遠い過去の世界海において

スダナは重ねて尋ねた。「かしこき夜の女神には、かの無上菩提を求めて発心されてから、どれほどの時をへられたのでしょうか」と。

女神はこのように語った。

＊

良家の子よ。それは仏の境界であって、天の神々でさえ知ることはできず、ただ、諸仏の威神力を受けてのみ了知することができます。

もし善知識に随順して善根を成じ、正直の心を浄《じょう》め、諂曲《てんごく》（こびへつらい）を遠離《おんり》し、諸《もろもろ》の染汚を滅し、普照光明の智慧を逮得《たいとく》し、衆生を哀愍《あいみん》し、諸魔《ぜんま》を降伏《ごうぶく》し、煩悩の樹を抜いて一切種智《いっさいしゅち》（さとりの智慧）を成ぜんと願い、仏の功徳と精進の海に入って仏地においてゆるがず、このような人であれば、よく信解《しんげ》し、よく了知して、この仏の境界に入ることができるでしょう。

良家の子よ。私は今、仏の威神力を受けて、あなたの問いに答えます。

＊

夜の女神は、偈を誦《じゅ》して、このことを重ねて告げた。

此《こ》の法門は甚深《じんじん》なる仏の境界にして、
貪欲《とんよく》・瞋恚《しんに》・愚癡《ぐち》の衆生の知ること能《あた》わずといえども、
如来の家に生まれ、善知識に親近《しんごん》して虚妄《こもう》を離れたる者は、聞きて歓喜せん。
仏子《ぶっし》善財《ぜんざい》、此の甚深の法を聞き、精進し修習《しゅじゅう》せよ。

＊

それから夜の女神は、このように語った。

良家の子よ。世界海微塵数《せかいかいみじんじゅ》の劫のかなたに、マニカナカ・パルヴァタシカ・ヴァイローチャナ（普光明真金摩尼山《ふこうみょうしんごんまにせん》・明浄山《みょうじょうせん》）という名の世界海がありました。その世界海の中には、また無量の世界海があり、それぞれの世界海にまた無量の四大州（須弥山と四方の島からなる一世界）がありました。

そのひとつの四大州のジャンブ州（閻浮提《えんぶだい》）にラトナサーラ・ヴューハメーガ・ドヴィーパ（堅固《けんご》妙宝荘厳燈《みょうほうしょうごんとう》）という王都があり、サルヴァダルマ・ニルナーダチャトラ・マンダラニルゴーシ（一《いっ》切法音円満蓋《さいほうおんえんまんがい》）という偉大な王によって統治されていました。

ところが、そのとき王国は世が衰退していく悪劫の時に至りました。

世は動乱・疫病・悪徳などの五濁熾盛《ごじょくしじょう》にして、人びとは殺生・偸盗《ちゅうとう》（盗み）・邪淫《じゃいん》・妄語などの十悪にはしりました。人びとは貧窮下賤《ひんぐげせん》にして善をなすことなく、たがいに傷つけあって、死せば地獄・餓鬼などの悪道に堕ちました。

世は天候も不順となり、林や野の草木は枯れました。田畑の作物も枯れはてて、飢饉におちいって病み衰えた群衆が王都におしかけて大声で騒ぎました。飢えた群衆は天に叫び地を叩《たた》き、あるいは放心し、あるいは倒れ、あるいは震え、悲痛の声をあげて大王に訴えました。「我ら大いに苦しむ。大いに苦しむ。うたた苦に逼《せま》られて死路《しじ》に趣《おもむ》くのみ」と。

大王の居城を取り囲んだ群衆は飢渇・寒凍・疾病に困苦し、親族・縁者にも頼る者なく、限りなく楚毒《そどく》の悲声《ひしょう》をあげて、大王に救済を求めました。

その悲声を聞いて大王は、十の大悲の誓詞を宣じました。

一には、「哀れなるかな、衆生は底なき生死《しょうじ》の深坑《じんこう》に墜《お》ちて頼りとなるものなし。我れ帰依者《きえしゃ》（頼られる者）となりて悉《ことごと》く如来の地（さとりの安らぎ）を逮得《たいとく》せしめん」と。

二には、「哀れなるかな、衆生は煩悩のために乱されて救済《ぐさい》あることなし。我れ救護者《くごしゃ》となりて悉く一切の善業を安立《あんりゅう》せしめん」と。

三には、「哀れなるかな、衆生は生老病死《しょうろうびょうし》の苦にあって救護あることなし。我れ救護者となりて悉く一切の心身の苦痛を除滅せしむべし」と。

四には、「哀れなるかな、衆生には諸《もろもろ》の恐怖《くふ》にありて救護あることなし。我れ救護者となりて一切安穏の処《ところ》に住《じゅう》せしむべし」と。

五には、「哀れなるかな、衆生は疑惑の覆うところとなる。我れ明浄の灯火となりて一切を照らし、明浄の智を現ぜしむべし」と。

六には、「哀れなるかな、衆生は愚癡に覆わる。我れ大明炬《だいみょうこ》となりて一切智正法《いっさいちしょうぼう》の城を現ずべし」と。

七には、「哀れなるかな、衆生は諸の慳嫉《けんしつ》・諂曲《てんごく》・幻偽《げんぎ》のために心を濁乱《じょくらん》せり。我れ衆生をして悉く無上の法身を得せしむべし」と。

八には、「哀れなるかな、衆生は輪廻の長流《ちょうる》に漂い溺れる。我れ生死の海において衆生をして如来の彼岸に度すべし」と。

九には、「哀れなるかな、衆生は盲目なり。我れ衆生をして真実義を見せ、仏と同ぜしむべし」と。

十には、「哀れなるかな、衆生は根《こん》を調伏《じょうぶく》せず。我れ衆生をして諸根を調伏し、障礙《しょうげ》を除滅して一切智を得せしむべし」と。

大王はこの大悲の言葉を発すると、太鼓を打ち鳴らして宣じました。「我が民よ、恐れることなかれ。我れ皆に求める物資を支給せん」と。

こうして倉は開かれました。閻浮提の全ての都市と村々で、穀物の倉、衣服の倉はもとより、種々の宝物の倉も開かれて人民に分け与えられました。さらに大王は、民が求めるならば自分の身体の肉や臓器さえ与えるであろうと宣言したのでした。

その大王の施しは、王都の東門でなされました。そこには多くの施しの品が集められ、人びとが集まりました。この布施の集会《しゅうえ》を天の神々も讃えて、天界の宝物の花々を散らし、薫香を漂わせ、宝樹の列で荘厳しました。

そのとき、この布施の集会に、ラトナプラバー（宝光明《ほうこうみょう》）という名の富豪の娘が六十人の娘たちとともにやってきました。娘は大王の施しは受けとらず身につけていた宝飾をはずし、大王に礼拝してささげました。娘たちは大王こそ世を救う善知識であると思い、偈を頌して讃えました。

大王の未《いま》だ世に在らざる時は堅固《けんご》荘厳《しょうごん》の都も餓鬼の城の如し。
大王すでに世に在りて粳米《こうまい》自然《じねん》に生じ、樹木は妙衣《みょうえ》を出《い》だせり。
衆生の正路《しょうろ》を失う時、導師は今、世に出でたまえり。

そのとき、富豪の娘は不可思議の光景を見ました。布施の門の獅子座に坐す大王の前の池に千の花弁をもつ千葉蓮華《せんようれんげ》が開いて光明を放ち、須弥山の頂きを照らしたのです。

その蓮華の台《うてな》に一人の御子《みこ》が出生し、天の神々が悉く礼拝して迎えるのが見えました。これが大王の出生でした。

そのとき大王の父の王は御子を抱きとり、「この喜ばしき子を」と言って妃の膝に置きました。

良家の子よ。

この大王が今、マガダ国の道場に坐す毘盧遮那如来（輝ける釈迦如来）です。そして、蓮華の台《うてな》に出生した御子の父王はシャカ国の王にして釈迦如来の父シュッドーダナ（浄飯王《じょうほんおう》）、その妃は釈迦如来の生母マーヤー（摩耶夫人《まやぶにん》）です。そして、富豪の娘ラトナプラバーは今の私です。

＊

このように語った夜の女神は、さらに偈を誦して、このことを告げた。

我れに清浄眼《しょうじょうげん》ありて悉く世界海の衆生の流転《るてん》するを見る。
諸仏は菩提樹下に無上道を得て法輪を転じ、流転の諸《もろもろ》の群生《ぐんじょう》を化度《けど》したまう。
我れ浄天耳《じょうてんに》を以《もっ》て諸仏の説きたまう法を聞き、歓喜を持《じ》せり。

この夜の女神は、さらに次のようにスダナに告げた。

＊

良家の子よ。私は、しかし、この無量歓喜知足光明の法門を得ているにすぎません。真に威大な菩薩たちは一切諸仏のもとで諸仏の行海を修して一切智を求め、清浄の大願を成就して自在に一切の法門を修しています。

良家の子よ。この菩提道場にサルヴァジャガッド・ラクシャサー・プラニダーナ・ヴィーリヤプラバー（願勇光明守護衆生《がんゆうこうみょうしゅごしゅじょう》）という夜の女神がいます。行って尋ねなさい。菩薩の道は、いかに学び、いかに修して、衆生の無上菩提を成就し、諸の仏刹を浄めて一切如来の正法を修習するのかを。

＊

スダナ・クマーラ＝善財童子は開敷樹華の夜の女神に礼拝し、そのもとを辞した。

菩薩は十の誓願を立て、飢渇の衆生の拠り所となる。

㊳ 星々の夜の女神

善知識に寄せる心

大商主の子スダナは、毘盧遮那仏の菩提道場の集会《しゅうえ》において、夜の女神サルヴァジャガッド・ラクシャサー・プラニダーナ・ヴィーリヤプラバー（願勇光明守護衆生）のところに行った。その女神は摩尼宝珠《まにほうじゅ》の座に坐して、身体は摩尼宝珠の網につつまれており、その身体に太陽と月と星々を映しだしていた。その姿を拝したスダナは、十種の心を得た。


一に善知識を自己とする心。勇猛《ゆうみょう》に精進して薩婆若《さばにゃ》（一切智）を求める住居であるゆえに。

二に善知識を自己の清浄の性《しょう》とする心。正教《しょうぎょう》に随順するゆえに。

三に善知識を菩薩行の荘厳とする心。一切の誓願を行じるゆえに。

四に善知識を自己の菩薩行の果とする心。無上の正法の門に安住するゆえに。

五に善知識を同行とする心。普賢菩薩の諸《もろもろ》の行願《ぎょうがん》と共なるゆえに。

六に善知識を功徳の蔵とする心。一切の浄法を長養《ちょうよう》するゆえに。

七に善知識を善根の海とする心。一切の大願を成満《じょうまん》するゆえに。

八に善知識を勇猛とする心。諸仏の大精進を長養するゆえに。
九に善知識を善根の成就とする心。衆生の願を満たすゆえに。
十に善知識を大利益《だいりやく》の源とする心。菩薩の自在力を具足するゆえに。

スダナは星々の輝きを身体に映す夜の女神の姿を見て、これら十の心を得た。それとともに世界の微塵数に等しく多数の菩薩の共法《ぐほう》を得たのである。

その菩薩の共法とは、人法無二《にんぼうむに》にして衆生と諸仏の法は共にあって等しいものであること、因果《いんが》無二《むに》にして因果応報は共にあって等しいものであること、自他無二《じたむに》にして自己と他者は共にあって等しいものであること、染浄無二《せんじょうむに》にして煩悩の汚濁は清浄であることなどである。このときスダナは良きミトラ（善知識）の力によって清浄正直の心を得、夜の女神を讃えて偈《じゅ》を頌した。

我れ無上心を以《もっ》て専《もっぱ》ら仏の菩提を求め、善知識に於《お》て自己の心を起こせり。
我れ功徳を以て心を荘厳し、未来の刹塵劫《せつじんこう》を尽くして菩薩道を修せん。
願わくば善知識、哀愍《あいみん》して我れを摂取《せっしゅ》し、我が為に悉《ことごと》く正教《しょうぎょう》真実《しんじつ》の法を顕現したまえ。

牢獄の王子

それからスダナは女神に尋ねた。「かしこき夜の女神には、ここに顕現された不可思議の法を何と名づけられたのでしょうか。女神には、発心されて幾時《いくとき》をへたまえるか。やがて無上菩提を成じたまうか」と。

女神はこのように語った。

＊

良家の子よ。この法門は衆生をして善根を生じさせるゆえ、教化衆生令生善根《きょうけしゅじょうりょうしょうせんごん》といいます。私はこの法門において、無量の化身を現し、無量無辺の法雲の光明を放って普《あまね》く一切諸仏の世界を照らし、自在神力を示して人びとを目覚めさせて善根（未来の幸福を生じる善い性質）を養い、かの無上菩提への道において不退転を得させます。陽が沈んで天下が闇につつまれても、また陽は昇って天下を照らすように、菩薩の智慧の光は愚癡の闇に迷う衆生を救いだします。

さて、良家の子よ。

遠い過去の微塵数の劫のかなたに、スプラバ（善光《ぜんこう》）という時があり、ラトナプラバー（宝光《ほうこう》）という世界がありました。そのなかの一つの四大州（須弥山と四方の島からなる一世界）のジャンブ州（閻浮提《えんぶだい》）にラティヴューハー（愛敬荘厳《あいきょうしょうごん》）という王国があり、ジャヤプラバ（勝光《しょうこう》）という王に統治されていました。

ところが、世は衰えて、その国の人びとは殺生・偸盗（盗み）・邪淫・邪見などの十悪に染まり、殺人や乱闘が満ちていました。王はやむなく罪を犯す者を牢獄に捕らえ、責め苦を与えました。

罪人たちは牢獄で苦しみ、悲痛の声をあげます。

ときに、その国の太子で、ヴィジターヴィン（善伏《ぜんぷく》）という王子がいました。王子は罪人たちが苦しむ声を聞いて、父王に大赦《たいしゃ》を願いました。

しかし王が五百人の大臣を召して諮《はか》ったところ、みな異をとなえました。「あの罪人たちを釈放するなど、あってはなりません。かれらは官物を盗み、王さえも殺そうとしました。必ず刑に服させねばなりません」と。

王子は言いました。

「それならば私が牢に入ります。かれらに代わって私が刑罰の苦を受けます。かれらは愚癡に覆われ、何が悪いとも知らずに罪を犯したのです。もし、この国にいる罪人を救えないなら、どうして三界の衆生を救えましょうか」

これに対して群臣は王に奏しました。

「もし牢獄の囚人を解けば必ず国法を犯し、王にも我らにも危害を及ぼしましょう。それでも王子が釈放を求められるのなら、我らは王子を誅《ちゅう》さねばなりません」

この恐ろしいなりゆきに母妃は驚き、王に「どうか王子を許し、命をお助けください」と願いました。それでも王子は、父王に言ったのです。

「偉大な王よ。どうか哀れみを垂れて、罪人を解きたまえ。代わりに私が牢に入ります」

父王は「ならば好きにせよ」と言い、囚人を放つかわりに王子を捕らえました。

そのとき母妃は王に、「どうか半月だけ王子を牢から出し、布施会《ふせえ》を営むことをお許しください」

と願いました。

ところで、この王都の郊外に林があり、その林中に獅子座があって、ダルマチャクラ・ニルゴーシガガナ・プラディーパラージャ（法輪音虚空燈王《ほうりんおんこくうとうおう》）如来という仏が、その菩提道場で成道されました。王子が布施会を営んだのは、その林でのことでした。王子は悪世の人びとに惜しみなく施し、天の神々もそれを讃えました。

そのとき如来は、衆生を度すべき時が来たことを知り、諸菩薩や神々などの聖衆とともに布施会の人びとの上に現れ、無量の法輪を転じられました。それによって十方世界の衆生が悪道の苦難を滅し、教化衆生令生善根の法門が生まれました。

このときの王子が、遠い過去の世の私です。そして王子を殺そうとした五百人の大臣は、今の悪人である提婆達多《だいばだった》の眷属となって生まれましたが、如来は教化して、みな無上菩提に至る道に置かれたのでした。

＊

それから夜の女神は、過去にまみえた多くの仏の名をあげた。そのなかには女神が善知識として菩提に導いた仏も、現在賢劫《げんざいけんごう》の千仏など、数知れずあった。そして微塵数の劫の未来に自身が仏となるまで、女神は教化衆生令生善根の法をもって闇夜の人びとの灯火となるということであった。

そして女神は、このようにスダナに告げた。

＊

良家の子よ。私は、しかし、この教化衆生令生善根の法門を得ているにすぎません。真に威大な菩薩たちは世間を超出《ちょうしゅつ》して普く諸道を照らし、諸法の無我を了知して一切衆生を摂取し教化します。

良家の子よ。この閻浮提にルンビニー（流弥尼《るみに》）という園林があります。そこにあり、そこにステージョーマンダラ・ラティシュリー（妙徳円満愛敬《みょうとくえんまんあいきょう》）という森の女神がいます。行って尋ねなさい。菩薩の道はいかに修して、世間の灯火となり、未来の劫の尽きるまで菩薩行において心に疲倦《ひけん》なくあることができようかと。

＊

スダナ・クマーラ＝善財童子は願勇光明守護衆生の夜の女神に礼拝し、そのもとを辞した。

菩薩は未来の時の尽きるまで、
世の人びとの灯火となる。

㊴ルンビニー園の森の女神

如来の家

ルンビニー園は釈迦如来降誕の聖地である。かのシャカ国の王都カピラヴァストゥから、さほど遠くないところにある。

森の女神ステージョーマンダラ・ラティシュリー（妙徳円満愛敬《みょうとくえんまんあいきょう》）は、ルンビニー園の衆宝で飾られた楼閣の獅子座に坐し、二万那由多《なゆた》もの眷族《けんぞく》の林天《りんてん》（森の神）に取り囲まれていた。

大商主の子スダナは、このルンビニー園の森の女神に礼拝して告げた。

「かしこき森の女神に教えを乞いにまいりました。菩薩の道をいかに修せば、如来の家に生まれ、世の灯火となることができるのでしょうか」

夜の女神はこのように語った。

＊

良家の子よ。如来の家に生まれて仏の子になる受生法《じゅしょうほう》には十種があります。

一には願常供事一切諸仏《がんじょうくじいっさいしょぶつ》の受生法です。常に一切諸仏を恭敬《くぎょう》し供養しなさい。それが薩婆若《さばにゃ》（一切智）の初門であり、善根を育む広大な蔵であるゆえに方便虚空願蔵《ほうべんこくうがんぞう》の受生法ともいいます。

二には普遍成就菩提心《ふへんじょうじゅぼだいしん》の受生法です。かの阿耨多羅三藐三菩提《あのくたらさんみゃくさんぼだい》（無上菩提）を求めて発心《ほっしん》し、大悲の心をおこして種々に衆生を救護《くご》するゆえ、菩提心の枝蔵《しぞう》を満たす受生法ともいいます。

三には観諸法門方便修行《かんしょほうもんほうべんしゅぎょう》の受生法です。一切の法海《ほうかい》を観察《かんざつ》して寂滅虚空蔵《じゃくめつこくうぞう》（世界は静かで広大であること）を知り、三昧海の清浄、菩薩の諸《もろもろ》の功徳、菩薩の荘厳をもって勇猛《ゆうみょう》に精進しなさい。

四には以浄心普照三世《いじょうしんふしょうさんぜ》の受生法です。浄直心《じょうじきしん》をもって三世の法蔵を照らし、深く菩薩の方便海に入って衆生の拠り所となりなさい。

五には普照一切蔵《ふしょういっさいぞう》の受生法です。菩薩は方便を具足して衆生を教化し、布施・持戒・忍辱・精進・禅定を修して明浄《みょうじょう》の慧日《えにち》（智慧の太陽）をもって一切諸法の源底を照らします。

六には生三世一切諸如来家蔵《しょうさんぜいっさいしょにょらいけぞう》の受生法です。菩薩は如来の家系（法統）を継承し、諸仏の大願、諸仏の善根、諸仏の法身を同じくして度すべき衆生のところに趣《おもむ》きます。

七には仏力光明普照荘厳《ぶつりきこうみょうふしょうしょうごん》の受生法です。菩薩は深く仏力《ぶつりき》の蔵に入り、十方諸仏を普《あまね》く供養して心に疲倦《ひけん》なく、事物の一切は夢幻であることを知って法界を究竟し、衆生に法を説きます。

八には微細観察普遍智門《みさいかんざつふへんちもん》の受生法です。薩婆若（一切智）の門に入り、極大と極小、無限と有限、有《う》と無の同事を観察して、諸法を具足し分別しなさい。

九には法界変化種種荘厳《ほっかいへんげしゅじゅしょうごん》の受生法です。菩薩は心刹那《しんせつな》（一瞬の思い）に種々荘厳の仏国土を現し、衆生に応じて一切の法界に化身を現して種々の菩薩の行を教示します。

十には速疾履践諸如来地《そくしつりせんしょにょらいじ》の受生法です。三世の諸仏が順次に成道する法の次第を知り、勇猛に精進して如来地（仏のさとりの境界）に至る道を人びとに示します。

良家の子よ。菩薩の道をゆく求法者《ぐほうしゃ》は、この十法によって如来の家に生まれ、世間の灯火となります。

＊

ルンビニー園の奇蹟

そこでスダナが女神の境界を尋ねると、女神は語った。

＊

良家の子よ。私は如来の家に生まれる法を成就し、その誓願のゆえ、このルンビニー園に来生しました。私は「この林園において百年のうちに菩薩が兜率天《とそつてん》（次に仏になる者の天界）から降下しますように」と祈願しました。すると、この園にいろいろな瑞兆《ずいちょう》が現れました。

良家の子よ。シャカ国のマーヤー妃（摩耶夫人《まやぶにん》）が王都カピラヴァストゥを出てルンビニー園で王子を出産されたときも、林園の地面が平らに整えられて金剛の地となり、多くの宝石が散らされるなど、十種の瑞兆がありました。

そのときマーヤー妃は林園のプラクシャ樹（高顕樹《こうけんじゅ》）の下にいましたが、そこに天・龍・夜叉《やしゃ》・乾闥婆《けんだつば》・阿修羅《あしゅら》などの神々や精霊・鬼神らの王と男女の眷属《けんぞく》が、王子の降誕を祝福して雲のように集まりました。そのときマーヤー妃の身体は光明を放って三千大千世界（全世界）を照らし、光は地獄の底まで届いて輪廻《りんね》の衆生の苦しみを除きました。

マーヤー妃の身体から放たれた光は、また、この閻浮提の諸国の王城・都市・村々の人びとを智の光明で照らしました。

また、透明な水面が月や星々を映すように、マーヤー妃の身体から放たれた光の中に過去の諸仏の神変が見え、説法の声が響きました。

また、諸仏が成道される前に菩薩（求法者）であったとき、その菩薩行を修された国々や王宮・都市・村々・山林・河川・海洋などのようすが悉《ことごと》く光の中に見えました。

また、諸仏が菩薩だったときに修された限りない喜捨・布施行のようすが、その光の中に見えました。諸仏は王子であったときには身につけていた宝飾をはずして喜捨し、あるいは飢えた母虎のために自身の肉体さえも喜捨されたのでした。

また、マーヤー妃の身体の光明とともに不可説微塵数《ふかせつみじんじゅ》の菩薩の出生する姿が放出されました。

これらの奇蹟が示されたとき、ルンビニー園の大地から大きな宝玉の蓮華の花茎が伸びて高くそびえました。その金剛の茎の上には微塵数の花弁がつき、その上を天上の神々が宝網で覆いました。精霊ガンダルヴァ（乾闥婆《けんだつば》）の王たちは空中に香霞《こうか》の雲を放って香水《こうずい》をそそぎ、鬼神ヤクシャ（夜《や》叉《しゃ》）の王たちは周囲を守護し、鬼神アスラ（阿修羅）の王たちは悉く頭を地につけて礼拝し、霊鳥ガルダ（迦楼羅《かるら》）の王たちは空中に繒旛《ぞうばん》（垂れ旗）をひるがえし、精霊キンナラ（緊那羅《きんなら》）の王たちは楽器を奏でて歌い、蛇神マホーラガ（摩睺羅伽《まごらが》）の王たちは歓喜踊躍《かんぎゆやく》して種々の荘厳の雲を湧きたたせました。

そうしてマーヤー妃が王子を生まれたとき、太陽が日の出に輝きだし、雷電が稲妻《いなづま》を走らせるように、世界に光明が現れました。

しかし、良家の子よ。このように菩薩は出生し、どこにおいても自在に降誕《ごうたん》するといえども、一切諸法は空《くう》であり、全ては不去不来《ふこふらい》（去らず来たらず）、不生不滅《ふしょうふめつ》、生起することも消滅することもないのです。

*

それからスダナが女神に過去世の由来を尋ねると、遠い過去のサマンタラトナー（普光《ふこう》）という劫があり、ひとつの王国があった。その国の王子として菩薩が出生し、成道してイーシュヴァラ・グナーパラジータ・ドヴァジャ（自在功徳無能勝幢《じざいくどくむのうしょうどう》）という如来になったとき、王子の乳母《めのと》ヴィマラサンバヴァプラバー（無垢光《むくこう》）が今の森の女神だという。そして、そのときの王は今の毘盧遮那仏（光輝の釈迦如来）の父王シュッドーダナ（浄飯王《じょうぼんおう》）、その妃は生母マーヤー妃であったという。

そして女神、このようにスダナに告げた。

*

良家の子よ。しかし私は、菩薩受生自在の法門を知っているにすぎません。真に威大な菩薩たちは、いつも一切諸仏の蓮華座の下にあり、常に如来の家に生まれます。

良家の子よ。王都カピラヴァストゥにゴーパー（瞿波《くは》・瞿夷《くい》）という貴公女がいます。行って尋ねなさい。菩薩はいかにして生死《しょうじ》の苦の世界の衆生を救うのかと。

＊

スダナ・クマーラ＝善財童子は森の女神に礼拝し、そのもとを辞した。

菩薩は如来の家系につながって、常に衆生済度の大願を維持する。

㊵シャカ族の貴公女ゴーパー

女神たちの出迎え

シャカ国の王都カピラヴァストゥには、荘厳講堂《しょうごんこうどう》とよばれる説法の堂宇《どうう》（法堂）があった。大商主の子スダナがルンビニー園を出て王都カピラヴァストゥに近づくと、家屋を守護する女神アショーカシュリー（無憂徳《むゆうとく》・離憂妙徳天《りうみょうとくてん》）が一万の眷属《けんぞく》の神々とともにスダナを迎え、スダナを讃えて告げた。

＊

大慧《だいえ》の人よ。よく来られました。

あなたは菩薩の不可思議の法門を修し、菩薩道を行じて正法《しょうぼう》の城に向かわれています。久しからずして無上荘厳なる如来の身口意《しんくい》（身体と言葉と意識）の三業《さんごう》を逮得《たいとく》され、寂滅（さとり）の法を修習して、甚深の如来の法に達せられるでしょう。

＊

この神々の称讃に対してスダナは告げた。

*

私が願うのは、自分の成道ではありません。世の人びとの煩悩を滅し、さまざまな不善の行いを取り除いて一切衆生に歓びを与え、善をよく修することを勧めて、皆が安らぐようにすることです。

世間を見れば、人びとは多く悪業《あくごう》（悪しき行い）をなし、煩悩に捕縛されて地獄・餓鬼などの悪道に堕ち、無量の苦を受けています。

人びとが物事に執着する心の強さは、たとえば子が一人しかいない人が、その子を捕らえられ、子の手足が切断されるのを見たときの激しい憎悪・悲嘆のようです。

そして、菩薩が苦しむ人びとを見たときの悲痛も、同じくらい強いのです。ぎゃくに、もし人びとが身口意の善業につとめ、功徳を積んで天界の楽を得るなら、そのことを菩薩は自身の無上の歓びとします。

この衆生済度《しゅじょうさいど》の大願のゆえに、菩薩は行を修し、諸仏を供養して薩婆若《さばにゃ》（一切智）を求めて疲倦《ひけん》なくありたいのです。

菩薩は衆生の功徳の蔵となり、父母となり、守護神となり、輪廻《りんね》の苦海の渡し場となり、輪廻の渡船の舵手となり、諸魔を退散させる砦《とりで》となり、清浄の地に導く導師となり、人びとの上に甘露の法雨を降らします。一切衆生を愛念して正法を求めるゆえに。

*

スダナがこのように告げると、女神アショーカシュリーは百万の眷属の神々とともに香や花々をささげて、偈をもってスダナを頌《じゅ》した。

無量《むりょう》無数劫《むしゅこう》に世の灯火は出でて普《あまね》く衆生のために仏の菩提を求む。
諸《もろもろ》の菩薩行を行じて世間を離れず、世間に著《じゃく》せず、
世を行くに障礙《しょうげ》なきこと風の虚空《こくう》に遊ぶが如し。

シャカ族の貴公女ゴーパー

スダナは迎えの女神たちと王都の法堂に入っていった。

シャカ族の貴公女ゴーパーは法堂の中央にいて、八万四千人の采女《うわめ》に取り囲まれていた。みな王家・貴族の娘であり、過去世に諸《もろもろ》の菩薩行を行じて功徳を積み、布施・愛語をもって衆生を摂取・救済してきた清らかな公女たちであった。

スダナは貴公女ゴーパーに礼拝して告げた。

＊

聖なる公女に教えを乞いにまいりました。

私はかの無上菩提を求めて菩薩の道を進んできました。しかし、私にはわかりません。威大な菩薩たちは、穢《けが》れた生死《しょうじ》の世界に身を置きながら、なぜ自身は汚染されずにいられるので

しょうか。

すでに諸法の実相（万物の真実）を知り、出家専修の声聞《しょうもん》・縁覚《えんがく》（小乗の聖者）の境地を超えて如来地《にょらいじ》（仏のさとりの境界）にあるのに、なぜ、仏とならずに菩薩（求法者）の位にとどまっているのでしょうか。

すでに輪廻の世界からの解脱《げだつ》を得ているのに、なぜ、輪廻の諸道に姿を現すのでしょうか。

諸仏の教えは不可思議であり、説くことはできないとされながら、なぜ、いろいろな言葉を尽くして説かれるのでしょうか。

一切諸法は空《くう》であり、全ては不生不滅《ふしょうふめつ》、仏でさえ生起することも消滅することもないと了知しながら、なぜ、諸仏を供養するのでしょうか。

一切は空であり、業報《ごうほう》（因縁果報）もないと知りながら、なぜ、業報の恐るべきことを説きつづけられるのでしょうか。

＊

これらの問いを受けて貴公女ゴーパーは語った。

＊

良家の子よ。問うべきことを問う尊さを、私は祝福します。それはまさに普賢《あまね》（普く勝れた者）の諸《もろもろ》の行願を修する者の問いです。

その問いに、私は諸仏の威神力を受けて答えます。

良家の子よ。菩薩の道を行く者は因陀羅網《いんだらもう》（天帝インドラの須弥山上の宮殿をつつむ宝網）を得て普く知の光明を放つのです。天帝インドラの宝網は、その結び目の一つ一つの宝玉に世界を映し、互いに照らしあっています。

それを得るには十種の法によらなければなりません。

一には善知識を拠り所として、弘誓《ぐぜい》の願をおこすことです。

二には深く信じる心をおこすことです。

三には諸の善を行って心を浄めることです。

四には福徳と智によって心を明るく維持することです。

五には諸仏の法を聞いて受持することです。

六には三世の諸仏を深く信じて暮らすことです。

七には菩薩の行の平等を知ることです。

八には諸仏の威神力をあおぐことです。

九には大悲の心から生じる道心によることです。

十には生死輪廻の動きを止める意志の力を獲得することです。

良家の子よ。

もし勝れた善知識に出会うことができれば、勇猛精進して心に退転なく、諸仏の法を学び、修することができるでしょう。そして、もし、身命《しんみょう》を惜しまず、世間の楽を求めず、諸法の実相を知って、しかも智と願を捨てずにいるなら、勝れた善知識に出会うことができるでしょう。

＊

貴公女ゴーパーは、さらに偈をもってスダナに励ましを与えた。

其《そ》の心に仏の想の如く善知識を恭敬《くぎょう》し、勇猛精進の力を以《もっ》て因陀羅網《いんだらもう》を具《ぐ》す。
直心《じきしん》は虚空の如く煩悩の垢《く》を遠離《おんり》し、不可思議の智慧は功徳海を積習《しゃくじゅう》し、
清浄の福業《ふくごう》の蔵は世間に染まず、普く一切趣《いっさいしゅ》に於《おい》て諸《もろもろ》の群生《ぐんじょう》を度脱《どだつ》す。

＊

菩薩の三昧海の観察

この貴公女ゴーパーは海洋のように広大な菩薩の三昧海を観察する法門（観一切菩薩三昧境界海《かんいっさいぼさつさんまいきょうがいかい》解脱門《げだつもん》）を成就したということであった。その境地を尋ねたスダナに貴公女は語った。

良家の子よ。私はこの三昧（心の集中）において、この娑婆世界の衆生が無量刹塵の劫に、ここに死に、かしこに生まれ、善悪の業をなして、善悪もろもろの果を受けるのを見ます。

生死の諸道には、心を正しく維持していずれは解脱していく正定《しょうじょう》の者もあれば、邪定《じゃじょう》および不定《ふじょう》の人びともいます。多く功徳を積んでいる人もあれば、貧窮《ひんぐ》の者もいます。そして私は、このよ

うな世界の無量の劫において世に出られた全ての諸仏を知り、その名号の海に入ります。

諸仏は初めに道心をおこし、誓願を立てて菩薩行を行じ、他の一切の諸仏を供養して正覚《しょうがく》（さとり）を成じ、法輪を転じ、自在神力を現して衆生を化度してから、それぞれに入滅します。

諸仏にしたがう声聞・縁覚、そして菩薩衆も初めに道心をおこし、善根を修し、大願海を生じて諸波羅蜜を成就し、菩薩の諸地（菩薩道のいろいろな段階）、菩薩の智、菩薩の善巧方便《ぜんぎょうほうべん》をもって衆生を教化します。

私は一念一念のうちに菩薩の三昧海を見、菩薩が一切種智を得て大願海を成就し、自在神力を顕すのを見ることができます。

この娑婆世界の諸菩薩と同じく、私は一念一念に十方世界の諸菩薩を見て、その世界海・世界輪・世界円満・世界分別・世界旋回・世界転・世界蓮華・世界相等を了知します。

なぜなら、この法門は毘盧遮那仏の本願力を受けて、一切衆生の心海を知り、その善根を知り、垢《く》の有無と浄・不浄を知り、一切衆生の性《しょう》を知るものだからです。

＊

太子と町娘の恋

そこでスダナは、この観察法門を得てからどれほどの劫をへたのかと貴公女の過去世を尋ねた。

その問いに貴公女ゴーパーは、このように語った。

＊

はるか微塵数劫のかなたに、アバヤンカラー（無畏《むい》）という世界がありました。そのなかにクシェーマーヴァティー（安穏）という四大州（須弥山を中心とする一世界）があり、そのジャンブ州（閻《えん》浮提《ぶだい》）にドゥルマメール・シュリー（妙徳樹須弥山《みょうとくじゅしゅみせん》）という王都がありました。

その国の大王をダナパティ（財主《ざいしゅ》）といいます。王城は広大で、五百人の大臣が仕え、後宮には八万四千人の妃や采女《うねめ》がおり、五百人の王子がいました。

その多くの王子のなかの太子の名はテージョーディパティ（威徳主《いとくしゅ》）といいます。太子の容姿は端正で、すでに如来の三十二の瑞相をそなえていました。

あるとき太子は父王の許しを得て、城外の香芽雲峰《こうがうんぽう》という美しい園地に出かけたことがありました。太子は黄金の馬車に乗り、一万の采女が供をして傘蓋をさしかけ、宝石のきらめく帳《とばり》をはり、香華を散じながら園地に行幸したのでした。

ところで、そのとき王都にスダルシャナー（善現《ぜんげん》）という太夫《たゆう》（高位の遊女）がいました。彼女にはスチャリタラタティ・プラバーサシュリー（具足妙徳《ぐそくみょうとく》・離垢妙徳《りくみょうとく》）という美しい娘がおり、その娘を連れて園地に出かけていました。

この娘が太子を見て恋をし、太子の後宮に入りたいと母の太夫に願いました。「もしお許しくださらないなら、わたくしは死を望みます」と。

しかし、身分の違いを恐れた母は娘を諭しました。

「もし太子の妃になれば、悲しみが目に見えています。太子が王になったとき、後宮には高貴な家の娘が迎えられ、あなたは召使いの女にもなれないでしょう。けっして、太子の妃になろうなどと望んではなりません」

ときに、この王都の郊外に菩提の道場があり、スーリヤガートラ・プラヴァラ（勝日光身《しょうにっこうしん》）という如来が出現していました。そして、園地に来る前に娘は夢に仏の姿を見たことがあったのです。

その夢から目覚めた娘に空中に神が現れて告げました。

「あなたが夢に見たのは、勝日光身如来です。成道されて七日がたち、道場で転法輪の集会《しゅうえ》を開かれています。天の神々も水界の龍たちも、地神・風神・火神・山神・樹神など、一切の神々と精霊たちが、そこに参じて、法を聞いています」

この如来の夢を思って勇気を得た娘は太子に、偉大な王となって天下を治められるように偈《げ》を誦《じゅ》して申しました。

　我れ太子の身を見たてまつるに相好《そうごう》おのずから荘厳したまう。
　離垢《りく》の清浄、相を具すること三十二、此《こ》の故に必ず世の転輪聖王《てんりんじょうおう》とならん。

こうして身を引こうとした娘に太子は告げました。

「あなたはどこの娘でしょうか。両親はだれでしょうか。もし、すでに他家に嫁《とつ》いでいるのなら、私は愛する心を捨てなければなりません」

その母が語るには、この娘は蓮の花の中に生まれた化生《けしょう》のもので、どこにも嫁いだことはないということでした。心身ともに清らかで、もし太子の妃となるなら、それにふさわしい娘でした。

しかし太子には決意していることがあったので、このように告げました。

「私はすでに無上菩提を求める心をおこし、菩薩行を修したい。国も王宮も妻子も捨てて、世の人びとのために修行したい。もし家を出るとき、美しき娘よ、あなたが障碍《しょうげ》にならないだろうか」

娘は、太子の出家をさまたげることはないと答え、偈を誦して告げました。


譬《たと》え地獄の火に身を焼くとも、我れは太子に随順し、敢《あ》えて其《そ》の苦を受けん。

一切の生死海《しょうじかい》に我れを施したまうとも悔ゆること無し。

太子、若《も》し法王ならば、願わくば我れも亦然《またしか》らしめたまえ。


太子衆苦《しゅく》を見て菩提の心を発《おこ》し、無量の大慈悲をもって衆生および我れを摂したまえ。

我れ豪富を求めず、五欲の楽を貪《むさぼ》らず、ただ願わくば共に法を行じて太子の妻とならん。


それから娘は、夢に如来を見たことを話しました。それを聞いて太子は歓喜し、園地を発って、勝日光身如来の菩提道場に詣でました。その娘と五百人の采女たちも太子と共に行きました。

太子は如来に礼拝して香華をささげて供養し、香木で五百の堂塔を建立して如来に布施しました。

そのとき勝日光身如来は太子のために普門灯明《ふもんとうみょう》の修多羅《しゅたら》（経）を説き、それを聞いた太子は一切法における三昧の海を得ました。いわゆる諸仏願海三昧《しょぶつがんかいさんまい》、普照三世光蔵三昧《ふしょうさんぜこうぞうさんまい》、対見一切諸仏三昧《だいけんいっさいしょぶつさんまい》、普照一切衆生三昧《ふしょういっさいしゅじょうさんまい》、救護衆生光雲三昧《くごしゅじょうこううんざんまい》、聞持諸仏法輪三昧《もんじしょぶつほうりんざんまい》などを得たのです。

そのとき、かの娘も不可壊寂静《ふかえじゃくじょう》の法門を得、無上菩提に至る道において不退転を得たのでした。

釈迦如来の前世

こうして如来の菩提道場に詣でた太子は、王城に戻って父王ダナパティ（財主）に、そのことを報告しました。大王は如来の出現を聞いて、「仏は無上の宝にして難値難遇《なんちなんぐう》なり。能《よ》く衆生の悪道貧苦を滅したまう」と歓喜し、天下に布告して、各地の城主・藩王・群臣・国民および婆羅門《ばらもん》（司祭）らを召集し、「我れ太子の吉報を聞けり。勝日光身如来、世に出興せり」と言い、「我れは今、王位を太子に譲る」と宣じました。

大王は退位し、一万の眷族とともに勝日光身如来の道場に詣でました。そして、この仏のもとで一万の眷族とともに出家し、修行の道に入りました。

そして王位を継いだ威徳主《いとくしゅ》太子は、やがて法をもって天下を治める転輪聖王となりました。聖王は閻浮提の八万四千の都城の一つ一つに五百の精舎《しょうじゃ》（僧院）を建立し、それぞれに高く仏塔《ぶっとう》を築いて諸仏を讃えたのでした。

さて、良家の子よ。

このときの太子で転輪聖王になった威徳主が、今の釈迦如来です。

そのとき父王は今の宝華光《ほうけこう》如来で、東方にまします。

そのとき父王の妃で太子の母パドマシュリー・ガルバサンバヴァー（蓮華吉祥蔵《れんげきっしょうぞう》）が釈迦如来の生母マーヤー妃です。

そして、太子の妃になった娘が私で、釈迦如来がシャカ国の王子シッダールタであったときの妃ヤショーダラーでもあるのです。

＊

シャカ族の貴公女ゴーパーは、このように釈迦如来と自身の過去世を語ったあと、そのときから久遠の時のなかで次々に出現し、ゴーパーが仕えてきた諸仏の名号を告げた。それは明浄身《みょうじょうしん》如来・浄月普照智《じょうがつふしょうち》如来・智観幢《ちかんどう》如来・広智光明王《こうちこうみょうおう》如来・法界蓮華《ほっかいれんげ》如来などである。

そして貴公女ゴーパーはスダナに告げた。

＊

良家の子よ。しかし私は、この菩薩の三昧海を観察する法門を得ているにすぎません。真に威大な菩薩たちは悉く方便海を究竟し、一切の衆生と同じ姿を現して世間に随順しています。それは、諸法は無性にして、衆生にさまざまな違いはあっても、等しく虚空のごとく、法界はいたるところ、如《にょ》（そのまま）は如であると了知しているからです。真に威大な菩薩たちは神変を顕現して、諸の法界において自在力を得、普門の一切諸地の法門海中に遊戯《ゆげ》しています。

良家の子よ。この王都カピラヴァストゥの荘厳講堂《しょうごんこうどう》にマーヤー妃がいます。

行って尋ねなさい。菩薩はいかに諸行を修し、世法に染まらず、衆生を摂取して未来の劫が尽きるまで退転せず、大乗の諸願を満たして一切衆生の善根を長養するのかと。

＊

スダナ・クマーラ＝善財童子は貴公女ゴーパーに礼拝し、そのもとを辞した。

たとえ仏道が成就されても
菩薩は常に世の人びとのなかにいる。

㊶釈迦如来の生母マーヤー妃

心の城を守護する女神

大商主の子スダナは、王都カピラヴァストゥの貴公女ゴーパーが訪ねるべき善知識だと示唆したマーヤー妃に、どのようにすれば会えるのだろうと思った。かの釈迦如来の母妃は、すでに世を離れて無所住に住し、浄法身《じょうほっしん》となられ、善業の化身、意識だけの身《しん》、不生不滅《ふしょうふめつ》の身、幻夢の身、鏡像の身、三世に壊《え》することのない身、非身《ひしん》の身《しん》となっておられる。このようなお姿を、人が見ることはできない。ただ、普賢菩薩のみが見ることができよう。スダナはそのように思いながらマーヤー妃の姿を求めた。マーヤー妃は、釈迦如来となる王子を生んだ七日後に他界したという。

そのとき、ラトナネートラー（宝眼《ほうげん》）という城郭守護の女神が多くの眷族をつれて法堂の空中に現れ、天の宝冠をスダナにささげて言った。

＊

良家の子よ。今まさに心城《しんじょう》（心の城）を防護しなさい。生死の世界を離れるために。

まさに心城を荘厳《しょうごん》しなさい。仏の十力を受けるために。

まさに心城を浄めなさい。慳嫉《けんしつ》と諂曲《てんごく》（へつらい）を遠離《おんり》するために。

まさに熾然猛炎《しねんもうえん》の心城を滅しなさい。禅定《ぜんじょう》の法門を継承して心の自在を得るために。

まさに心城を照らしなさい。常に般若波羅蜜《はんにゃはらみつ》の光をもって如来の海を照らすために。

まさに心城を養いなさい。諸仏の方便道を摂取するために。

まさに心城を修理しなさい。普賢（普《あまね》く勝れた者）の行願を出生《しゅっしょう》するために。

まさに心城を固めなさい。諸魔・魔民、その他の怨敵に破られることがないために。

まさに心城を開きなさい。諸仏の智慧光明を得るために。

まさに無壊《むえ》の心城を修理しなさい。如来の法雲を受けるために。

まさに心城を完全なものにしなさい。自己の心に一切諸仏の功徳の海を受けるために。

まさに心城を広げなさい。大慈をもって普く一切衆生を覆うために。

まさに心城を防御の網で覆いなさい。法をもって不善の障《さわ》りを覆うために。

まさに心城に進みなさい。無量の大悲をもって一切衆生を救うために。

まさに心城の門を開きなさい。三世の一切諸仏を念じるために。

まさに心城に達しなさい。諸仏の転じる法輪、修多羅《しゅたら》（経典）の法門は因・縁・果の法より生じるものであるゆえに。

まさに心城の道を知りなさい。一切智の道を開示し顕現するために。

まさに心城を堅固に維持しなさい。三世の諸仏の願海を具するために。

まさに心城の力を知りなさい。法界の功徳力を長養するために。

まさに心城の普照の光明を放ちなさい。一切衆生の諸根《しょこん》・欲性《よくしょう》・結業《けつごう》・習気《じっけ》、諸《もろもろ》の浄・不浄を知るために。

まさに心城の自在力を知りなさい。一切の法界を摂取するために。

まさに心城を瑩《みが》きなさい。諸仏の念に住するために。

まさに心城の実相を知りなさい。諸法に実性《じっしょう》はないと了達するために。

まさに心城の如幻《にょげん》なるを知りなさい。一切智の正法の城に入るために。


仏子よ。

もし菩薩大士《だいじ》（威大な求法者）が自己の心の城をこのように了知するなら、一切の善根をよく積《しゃく》集《じゅ》するでしょう。無量の障礙《しょうげ》を除滅するからです。

菩薩の道には種々の障礙があります。いわゆる、仏は会いがたいという障、法は聞きがたいという障、仏は供養しがたいという障、衆生は摂取しがたいという障、仏土は浄めがたいという障です。

もし菩薩大士にして、これら障礙の心なくあれば、よく一切の善知識にまみえ、一切種智を究竟し成就することでしょう。

＊

鬼霊の示唆

そのとき、ダルマバドマ・シュリーシャラー（蓮華法徳《れんげほうとく》）という神が多くの眷属の神々とともに空中に現れてマーヤー妃を讃歎《さんだん》し、種々の光明を放って無量の諸仏の世界を照らした。その光明の網は諸仏の世界に広がって諸仏の周囲をめぐると、もとにもどってスダナの頭頂から身体に射し込んだ。

すると、スダナは離垢の浄光明眼を得、一切の愚癡の闇障を除滅して、一切衆生、すなわち、生きとし生けるものの真実の性質を知り、万物の真実の性質を了知して、仏の法身（真実の姿）を見ることができた。

その智慧の眼で世界の生成と消滅を観察すれば、その流転《るてん》の世界において諸仏は法輪を転じ、無量の修多羅（経典）を説いているのだった。

普く見る智慧の眼で見れば、一切の世界は空《くう》にして、万物は因（その原因）があり縁（周囲の条件）あって生起し消滅し、また生起し消滅する。一切世界は因縁に随順しておこり、諸仏の世に現れるのも、また同じであった。

そのとき、この荘厳講堂の法堂を守護する鬼霊が現れた。スネートラ（善眼《ぜんげん》）という名のラークシャサ（羅刹《らせつ》）の王である。

羅刹王は妻子とともに一万の眷属を引き連れて空中に現れ、スダナに花々を散じて言った。

＊

良家の子よ。もし菩薩道において善知識に会いたいのなら、次の十法を修せよ。

一、直心清浄にして諂曲《てんごく》を遠離すべし。

二、大悲を壊《え》せず衆生を摂取すべし。

三、衆生の真実性にあらざるを観察して薩婆若《さばにゃ》（一切智）において退転せざれ。

四、仏の会衆《えしゅ》に入りて信心を得べし。

五、清浄の眼をもって諸法の性を観ずべし。

六、無壊《むえ》の大悲をもって普く衆生を覆うべし。

七、明浄の慧光をもって諸の法界を了知すべし。

八、智の光明をもって魔界対治の法を行ずべし。

九、甘露の雨を降らして生死の苦を除くべし。

十、善知識に従うことを決意し、諸法を相続して断ずべからず。

次にまた良家の子よ。善知識に会いたいのなら、十種の三昧門（心の集中）を修せよ。その一種とは、浄法虚空円満三昧《じょうほうこくうえんまんざんまい》、観察一切方便海三昧《かんざついっさいほうべんかいさんまい》、不捨念念善知識三昧《ふしゃねんねんぜんちしきさんまい》、恭敬供養善知識不過失三昧《くぎょうくようぜんちしきふかしつさんまい》などである。これらの三昧門において心を乱さずにいるなら、一切諸仏の平等を知り、常に善知識と出会うであろう。

良家の子よ。

十方を敬礼《きょうらい》して善知識を求めよ。
一切の境界を正念《しょうねん》し思惟して善知識を求めよ。
勇猛自在に十方に向かい、善知識を求めよ。
身《しん》・行を夢のごとく雷《いかづち》のごとくして善知識を求めよ。

＊

マーヤー妃の姿

スダナは羅刹王の教えを修した。すると、地下から大きな蓮華が涌き出してきた。金剛を茎とし、摩尼宝珠《まにほうじゅ》を花弁とする大蓮華であった。

その大きな蓮華の中に、千の列柱で荘厳された楼閣があり、多くの宝物で飾られた獅子座がある。そこから仏の光明が放たれ、諸仏を讃える声が聞こえてきた。そのときスダナは、その獅子座にマーヤー妃が坐しているのを見たのである。

そのマーヤー妃の姿は幻のようであり、陽炎のようにゆらいで、魔物の娘にもなり、天上の神々の娘にもなり、人間界の王女にもなり、見る人の想念によって種々に変化《へんげ》するのであった。

そこでスダナは、人びとの願いを洞察して深く法海の禅定に入り、世の人びとの命の資糧となるマーヤー妃の姿を見たのであった。

マーヤー妃は、貧しく飢えた人びとのためには大施主となり、大悲の家の主となり、さまざまな姿で閻浮提に満ちるのであった。

釈迦如来と諸仏の生母

スダナは、その三昧門において、閻浮提に満ちるマーヤー妃と同じ数の化身を現し、それぞれのマーヤー妃に礼拝して告げた。

「聖なる王妃に教えを乞いにまいりました。私はかの無上菩提を求めて発心し、文殊菩薩の指示を受けて善知識を順次に訪ねて、ここにまいりました。願わくばお教えください。菩薩の道はいかに行き、いかに修すのでしょうか」

マーヤー妃は、このように語った。

＊

良家の子、仏子よ。

わたくしは大願智幻《だいがんちげん》の法門を成就しました。この法門を得たゆえに、この閻浮提において毘盧遮那仏（光輝の釈迦如来）の母になったのです。

わたくしは王都カピラヴァストのシュッドーダナ王（浄飯王《じょうぼんおう》）の妃となり、その王子シッダールタ（悉達多《しっだった》）を右の脇腹から出産しました。

この悉達太子《しっだたいし》が生まれたとき、多くの奇蹟がありました。太子の生誕に先立って、ある夜、わたくしの身体に光が射しこみました。天空の兜卒天から、次に如来になられる菩薩が降下して、わたくしの胎に入られたのです。

このとき、その菩薩には十世界を微塵に砕いた塵の数ほど多い菩薩たちが従っていました。そして、それら無量の菩薩が皆、わたくしの全身の毛孔から、わたくしの胎に入られたのです。

それら無量の菩薩は自在の力をもち、三千大千世界（全世界）におもむいて、この娑婆世界の毘盧遮那仏のみならず、それぞれの世界で如来となるべく下生《げしょう》されたのです。

わたくしは、倶留孫仏《くるそんぶつ》・倶那含牟尼仏《くなこんむにぶつ》・迦葉仏《かしょうぶつ》など現在賢劫《げんざいけんごう》の一切の諸仏の生母です。それゆえ、弥勒仏《みろくぶつ》・獅子仏《ししぶつ》・法幢仏《ほうどうぶつ》など、未来の諸仏の生母にもなります。それは大願智幻の法門によるゆえです。

＊

スダナは問うた。「聖なる母妃には、大願智幻の法門を得られて、どれほどの劫をへられたのでしょうか」と。

マーヤー妃はこのように語った。

＊

不可思議数の劫のかなたに、メールードガタシュリー（須弥徳《しゅみとく》）という世界があり、シンハドヴァジャーグラ・テージャス（香風威徳獅子幢《こうふういとくししどう》）という四大州（須弥山と四方の島からなる一世界）があって、マハーテージャッハ・パラークラマ（勇猛精進大威徳《ゆうみょうしょうじんだいいとく》）という聖王《じょうおう》によって統治されていました。

そのとき、王都の近郊に菩提の道場があり、ヴィマラドヴァジャ（離垢幢《りくどう》）という菩薩が坐して、まさに成道しようとしていました。

ところが、その成道を妨げるために、魔が軍勢をひきいて現れました。その国の王は、すでに天輪聖王として菩薩の神力を得ていたので、魔が軍勢を圧倒する大軍勢を出現させて退散させたのです。そして静かになった道場で、菩薩は成道し、離垢幢如来になりました。

ところで、そこにネートラシュリー（吉祥眼《きっしょうげん》）という菩提道場の女神がいました。女神は義心勇猛な国王を見て、如来に礼拝して誓願を立てました。「この天輪聖王が出家し、やがて仏になるまで、私は守護して、その母とならん。また、王がどこに生まれようとも、私はその母とならん」と。

良家の子よ。この菩提道場の女神が過去のわたくしです。そして、このときの天輪聖王が、今の毘盧遮那仏（釈迦如来）なのです。

良家の子よ。

わたくしは、この大願智幻の法門を得てゆえに、悉達太子を出生し、毘盧遮那仏の母になることができました。しかし、わたくしはこの法門を得ているにすぎません。

真に威大な菩薩たちは、大悲の蔵を維持し衆生を教化し、心に疲倦することなく自然《じねん》の法を得て、全身の毛孔から一切諸仏の自在神力を顕現します。

良家の子よ。この世界の三十三天（忉利天《とうりてん》）にて、スムリティマット（具足正念《ぐそくしょうねん》）という天の王がおり、スレーンドラーバー（天主光《てんしゅこう》）という天の王女がいます。行って、その王女に尋ねなさい。菩薩の道はいかに学び、いかに修するのかを。

＊

スダナ・クマーラ＝善財童子はマーヤー妃に礼拝し、そのもとを辞した。

菩薩は心の城の防護を固めて、魔の攻撃を退ける。

㊷天の王女スレーンドラーバー

永劫の礼拝

霊峰・須弥山《しゅみせん》は大海に囲まれ、東西南北に四つの大陸がある。これが一つの世界を構成する要素で、四大州とも四天下《てんげ》ともいう。

その須弥山の頂上、八万由旬の高所にあるというのが天帝インドラ（帝釈天《たいしゃくてん》）の統べる忉利天《とうりてん》で、三十三の神々の王城があることから三十三天ともよばれる。

大商主の子スダナは、スムリティマット天王の娘スレーンドラーバー（天主光）に告げた。

「かしこき天の王女よ。教えを乞いにまいりました。菩薩の道はいかに学び、いかに修すべきでしょうか」

天の王女は、このように語った。

＊

良家の子よ。私は無礙念清浄荘厳《むげねんしょうじょうしょうごん》という菩薩の境地を得ました。それにはこのようないきさつがあります。

遠い過去にウトパラカ（青蓮華《しょうれんげ》）という劫がありました。私はそのとき、ガンジスの砂の数ほど多くの諸仏を供養しました。諸仏が如来となられる前に出家されたときには外護《げご》して、食物や衣を布施し、精舎を建立しました。

また、天から下って母の胎に入られたときも、出生して七歩あるかれ、「天上天下唯我独尊《てんじょうてんげゆいがどくそん》」と獅子吼《ししく》されたときも、青年のときに宮廷にあられたときも、出家されたときも、成道され、法輪を転じられたときも、入滅されたときも、私はいつも仏に恭敬し供養しました。

また過去を思えば、スブーティ（善地《ぜんじ》）という劫がありました。そのとき私は、十本のガンジスの砂の数ほど多くの諸仏に恭敬し供養しました。

また、スバガ（妙徳《みょうとく》）という劫がありました。そのとき私は、仏の国土を微塵に砕いた塵の数ほど多くの諸仏に恭敬し供養しました。

また、アニランバ（無所得《むしょとく》）という劫がありました。そのとき私は、八十四億那由他阿僧祇《なゆたあそうぎ》の諸仏・如来に恭敬し供養しました。

また、アトゥラプラバ（無量光《むりょうこう》）という劫がありました。そのとき私は、二十本のガンジスの砂の数ほど多くの諸仏・如来に恭敬し供養しました。

また、スチャンドラ（妙月《みょうがつ》）という劫がありました。そのとき私は、七十本のガンジスの砂の数ほど多くの諸仏・如来に恭敬し供養しました。

良家の子よ。このように私はいつも、諸仏とともにいました。その全ての諸仏・如来から私は無礙念清浄荘厳という菩薩の法門を聞いて受持し、間断なく修し、随順してきました。そして、一切の神変は浄厳《ごんじょう》解脱《げだつ》の力によって明了《みょうりょう》に現前し、かつて懈怠《けだい》の念をいだいたことはありません。

良家の子よ。しかし私は、この無礙念清浄荘厳という菩薩の法門を得ているにすぎません。真に威大な菩薩たちは、生死の夜を出て永く愚癡の闇を離れ、いまだかつて惰眠せず、心に障礙なく、身行《しんぎょう》軽安《きょうあん》にして諸法を清浄に了知し、仏の十力を得て群生を菩提に導いています。

良家の子よ。王都カピラヴァストゥに、少年たちの教師であるヴィシュヴァーミトラ（遍友《へんゆう》）という人がいます。

行って尋ねなさい。菩薩の道はいかに学び、いかに修するのかを。

＊

スダナ・クマーラ＝善財童子は天の王女スレーンドラーバーに礼拝し、そのもとを辞した。

菩薩は永劫の時を超えて、
諸仏に礼拝する。

㊸王都カピラヴァストゥの少年たちの師

教師の言葉

大商主の子スダナは、天の王女の教えに従って三十三天の宮殿から降りて、王都カピラヴァストゥに戻った。

そして少年たちの教師であるヴィシュヴァーミトラ（遍友）の前に立ち、礼拝して告げた。

＊

師よ。教えを受けにまいりました。私はかの無上菩提を求めて発心し、菩薩の道を進んでまいりました。しかし、菩薩の道をいかに学び、いかに修するかを知りません。願わくばお教えください。師は菩薩の道をゆく者に教訓・教誡を授けられると聞いております。

＊

しかし、教師ヴィシュヴァーミトラは自身は何も教えることなく、こう言うのであった。

＊

良家の子よ。この王都にシルパービジュニャ（善知衆芸《ぜんちしゅげい》）という富豪の子がいます。この少年に問いなさい。菩薩の道はいかに学び、いかに修するのかを。

＊

スダナ・クマーラ＝善財童子は教師ヴィシュヴァーミトラに礼拝し、そのもとを辞した。

菩薩は自分の教え子さえも師とし、
道を求める。

㊹ 技芸に秀でた少年シルパービジュニャ

少年と技芸

大商主の子スダナは良き教師の示唆に従って少年シルパービジュニャ（善知衆芸《ぜんちしゅげい》）のところに行き、少年に深く礼拝して告げた。

「教師の讃える子に教えを乞いにまいりました。菩薩の道はいかに学び、いかに修すのでしょうか」

少年はこのように語った。

＊

良家の子にお話しします。私の名は善知衆芸、すなわち私は、技芸に通じた菩薩の法門を得たのです。

私は常に菩薩の解脱に入る根本の字を唱え念じます。まず、「阿《あ》」の字です。阿字を唱えるとき、般若波羅蜜の門に入り、それを菩薩の威徳格別《いとくかくべつ》の境界とします。

次に「羅《ら》」の字です。羅字を唱えて般若波羅蜜の門に入るを平等一味最上無辺《びょうどういちみさいじょうむへん》の境界とします。

次に「波《は》」の字です。波字を唱えて般若波羅蜜の門に入るを法界無異相《ほっかいむいそう》の境界とします。

次に「者《しゃ》」の字です。者字を唱えて般若波羅蜜の門に入るを不輪断差別《ふりんだんしゃべつ》の境界とします。そうして四十二字を一字ごとに唱えて、最後は「茶《だ》」の字です。茶字を唱えて般若波羅蜜の門に入るを一切法輪出生蔵《いっさいほうりんしゅっしょうぞう》の境界とします。

私はこれらの文字を唱えることによって、般若波羅蜜の諸門に悟入《ごにゅう》します。しかし私は、この善知衆芸の法門を得ているにすぎません。真に威大な菩薩たちは、世俗と仏道を問わず、技芸・技能に通じています。

たとえば、菩薩は読み書き、数学・算術に通じています。

また、医薬・呪術に通じて病を治療し、人びとが魑魅魍魎《ちみもうりょう》に捕らわれて怨憎《おんぞう》・呪詛《じゅそ》することを防ぎます。

また、悪星《あくしょう》の出でて死屍《しし》奔逐《ほんちく》し、諸の疾病あるとき、菩薩はそれを救って完治を得させます。

また、珊瑚・瑠璃・摩尼などの産するところを知り、質の善悪によって価値を見分けます。

また、都市や村々、営所・園林など、人の暮らすところを護ります。

また、天文・地理、人相の吉凶、鳥獣の鳴き声、雲霞の気候、年ごとの穀物の豊作・不作、国家の安穏・危機などを観察し、あらゆる技芸・技能を尽くして禍福の源に対処します。ですから、そうした威大な菩薩たちの措置に疑惑や迷いはありません。

このマガダ国にヴァルタナカ（婆咀那《ばたんな》）という都城があり、バドローッタマー（最勝賢《さいしょうけん》）という名のウパーシカ（優婆夷《うばい》・信女《しんにょ》）がいます。

行ってお尋ねください。菩薩の道はどのように学び、どのように修するのかを。

＊

スダナ・クマーラ＝善財童子は少年シルパービジュニャに礼拝し、そのもとを辞した。

菩薩はただ仏道を求めず、
実業の学問や技術も習得して世の人びとを救う。

㊺マガダの信女バドローッタマー

無依処道場の三昧

大商主の子スダナはマガダの都城ヴァルタナカに行き、信女バドローッタマー（最勝賢）に礼拝して告げた。「気高き信女に教えを乞いにまいりました」と。

信女バドローッタマーはこのように語った。

＊

良家の子よ。わたくしは無依処道場《むえしょどうじょう》という菩薩の法門を成就して、無尽三昧（限界のない心の集中）の境界を得ました。この三昧は無尽・有尽を区別するものではありません。一切智の眼は無尽であるゆえに。

一切智の身《しん》（行い）・口《く》（言葉）・意（意識）は無尽なるゆえに、海の波濤のごとく無量の功徳を生起します。

しかし、良家の子よ。わたくしはこの無依処道場の法門を知るにすぎません。真に威大な菩薩たちは一切無著の功徳の行を修して、何ものにもとらわれることなく衆生を救護します。

良家の子よ。かの南方の地にバルカッチャ（沃田《よくでん》）という都城があり、ムクターサーラ（堅固解《けんごげ》脱《だつ》）という金細工師がいます。
行って尋ねなさい。菩薩の道はいかに学び、いかに修するのかを。

＊

スダナ・クマーラ＝善財童子は信女バドローッタマーに礼拝し、そのもとを辞した。

菩薩は無限と有限を区別せず、
しかも無限の境地にある。

◉南路還郷　法界荘厳

【第46～53のミトラ】

㊻金細工師ムクターサーラの解脱

浄念の解脱

大商主の子スダナは南方の地に戻った。そして都城バルカッチャ（沃田）におもむいてムクターサーラ（堅固解脱《けんごげだつ》）を訪ねた。かれは金細工の富豪であった。

心を清浄にたもつ求法者は、菩薩の解脱を得て諸仏にまみえる。

「聖者に教えを乞いにまいりました。私は阿耨多羅三藐三菩提《あのくたらさんみゃくさんぼだい》（無上菩提）を求めて発心《ほっしん》しました。しかし、いまだいかに菩薩道を学び、菩薩行を修するのかを知りません。聖者は求法者に教誡を授けられると聞いております。どうか、私に菩薩の道をお説きください」

金細工師ムクターサーラは、このように語った。

＊

良家の子よ。私は無著《むじゃく》清浄念《しょうじょうねん》という菩薩の解脱（迷いの世界からの脱出）を得ました。この解脱を得てから私は発心の願いは満ちて、いつも十方の諸仏のみもとに詣でて、ほかに願うことはありません。しかし私は、この浄念の解脱を得ているのみです。真に威大な菩薩たちは無畏の獅子吼《ししく》をなし、高く広い福徳の慧においてゆるぎません。

良家の子よ。この都城にスチャンドラ（妙月《みょうがつ》）という名家の長がいます。行って尋ねなさい。菩薩の道はいかに学び、いかに修するのかを。

＊

スダナ・クマーラ＝善財童子は金細工師ムクターサーラに礼拝し、そのもとを辞した。

㊼月氏の家長スチャンドラ

無垢の光

大商主の子スダナは同じ都市に暮らすスチャンドラ（妙月）を訪ねた。かれは名家として名高い月氏の家長であった。

「聖者に教えを乞いにまいりました。私は無上菩提を求めて発心しました。しかし、いまだいかに菩薩道を学び、菩薩行を修するのかを知りません。どうか私に、菩薩の道をお説きください」

家長スチャンドラは、このように語った。

＊

良家の子よ。私は浄智光明《じょうちこうみょう》という菩薩の解脱を得ました。それは夜を照らす月光のように、智慧の光によって心の闇から脱出した境界です。

しかし私は、この解脱を得ているのみです。真に威大な菩薩たちは無量の解脱を得ています。それについて私が語ることはできません。

良家の子よ。

この南方の地にロールカ（広大声《こうだいしょう》・出生《しゅっしょう》）という都城があり、そこにアジタセーナ（無勝軍《むしょうぐん》）という名家の長がいます。行って尋ねなさい。菩薩の道はいかに学び、いかに修するのかを。

＊

スダナ・クマーラ＝善財童子は家長スチャンドラに礼拝し、そのもとを辞した。

月が夜の闇を照らすように、
菩薩の智慧の光明は心の闇を照らす。

㊽無敵の家長アジタセーナ

無尽の福徳

大商主の子スダナは南に歩んで都城ロールカ（広大声・出生）に至り、そこの名族の家長アジタセーナ（無勝軍）を訪ねた。

「聖者に教えを乞いにまいりました。私は無上菩提を求めて発心しました。しかし、いまだいかに菩薩道を学び、菩薩行を修するのかを知りません。聖者は求法者に教誡を授けられると聞いております。どうか私に、菩薩の道をお説きください」

家長アジタセーナは、このように語った。

＊

良家の子よ。私は無尽相《むじんそう》という菩薩の解脱を得ました。それは仏にまみえる福徳を尽きることなく蔵した境界です。

良家の子よ。

この南方の地にダルマ（法）という村があり、そこにシヴァラーグラ（最寂静《さいじゃくじょう》）という婆羅門《ばらもん》がいます。行って尋ねなさい。菩薩の道はいかに学び、いかに修するのかを。

＊

スダナ・クマーラ＝善財童子は家長アジタセーナに礼拝し、そのもとを辞した。

菩薩は無尽の福徳の蔵をもつゆえ、諸仏にまみえることができる。

㊾至誠の婆羅門シヴァラーグラ

至誠の言葉

大商主の子スダナは南に歩んでダルマ村に至り、婆羅門シヴァラーグラ（最寂静）を訪ねた。

「聖者に教えを乞いにまいりました。私は無上菩提を求めて発心しました。しかし、いまだいかに菩薩道を学び、菩薩行を修するのかを知りません。聖者は求法者に教誡を授けられると聞いております。どうか私に、菩薩の道をお説きください」

家長アジタセーナは、このように語った。

＊

良家の子よ。私は誠願語《じょうがんご》（至誠の言葉）という菩薩の法門を得ました。至誠の言葉は天に通じ、過去・現在・未来の三世の菩薩は皆、誠願語によるゆえに無上菩提に至るまで退転しないのです。過去に退いたことはなく、現在も退いたことはなく、未来においても退いたことはないでしょう。

人びとを導く誠の言葉に障礙なく、満ちない願いはありません。

しかし、良家の子よ。私はただ、この誠願語の法門を得ているにすぎません。真に威人な菩薩たちの言葉はおのずから誠願語であり、その至誠の言葉に虚妄《こもう》はありません。

良家の子よ。

この南方の地にスマナームカ（妙意華門《みょういけもん》）という都城があり、そこに貴公子と貴公女がいます。貴公子の名はシュリーサンバヴァ（徳生《とくしょう》）、貴公女の名はシュリーマティ（有徳《うとく》）といいます。行って尋ねなさい。菩薩の道はいかに学び、いかに修するのかを。

＊

スダナ・クマーラ＝善財童子は婆羅門シヴァラーグラに礼拝し、そのもとを辞した。

菩薩の至誠の言葉に障礙なく、その誓願を満たす。

㊿都城スマナームカの貴公子と貴公女

幻住の法門

大商主の子スダナは南方の都城スマナームカ（妙意華門）に至り、貴公子シュリーサンバヴァ（徳生）と貴公女シュリーマティ（有徳）に尋ねた。「菩薩道はいかに学び、いかに修するのか」と。

二人は、このように語った。

＊

良家の子よ。私たちは幻住《げんじゅう》（万物は仮の現れ）という菩薩の解脱を得ています。

この清浄の眼で見ると、世の中のことは幻です。万物は因（その原因）と縁（周囲の条件）の果（結果）として生起し、消滅していくからです。

生きとし生けるものは幻の命を生きています。その生存のありかたは、それまでの業《ごう》（身・口・意の行い）の結果であり、しかも、さまざまな欲望・衝動などの煩悩によって支配されています。

一切諸法（森羅万象《しんらばんしょう》）は皆、幻です。無明と愛着などを縁として展転《てんでん》していくからです。

一切の三界（輪廻の世界全体）は幻です。それは顚倒した認識によって生まれた世界だからです。

一切衆生の生老病死、憂悲苦悩《うひくのう》は幻です。それらは皆、虚妄の分別によって生じるからです。

一切国土は幻です。それは想倒《そうとう》・心倒《しんとう》・無明によって生じるからです。

一切の声聞《しょうもん》・縁覚《えんがく》（小乗の修行者）は幻です。それらは限りある智慧の分別によって生じるからです。

一切の菩薩（大乗の修行者）は幻です。それは衆生を教化し救済する殊勝の智慧と誓願と行動によって生じるものだからです。

これら幻の万物は、それ自体の本性として不可思議の境界にあります。

＊

善知識の徳性

しかし二人は、この幻住の解脱を得ているにすぎないという。そして、このように語った。

＊

良家の子よ。この南方の地にサムドラカッチャ（海岸）という地方があります。そこにマハーヴューハ（大荘厳）という園林があり、その林中にヴァイローチャナ・ヴューハーランカーラ・ガルバ（毘盧遮那荘厳蔵《びるしなしょうごんぞう》）という楼閣があります。それは菩薩の過去の善根によって生起した大楼閣です。菩薩の諸願、自在の神通、智慧の威力、方便の功徳、大悲の法門によって生じたものです。

この楼閣にマイトレーヤ（弥勒）菩薩がいらっしゃいます。

行って、弥勒菩薩にお尋ねください。菩薩の道はいかに行き、いかに修するのかを。

菩薩の道の求法者は、いかに菩薩の戒を学び、いかに菩薩の心を浄め、いかに菩薩の大願をおこし、いかに菩薩の功徳を積み、いかに菩薩はその地（修行の段階）を得、いかに菩薩は諸《もろもろ》の波羅蜜を成就し、いかに菩薩は諸の忍辱《にんにく》の法を修し、いかに菩薩はその善知識を得るのかを弥勒菩薩にお尋ねなさい。

なぜなら、弥勒菩薩は一切の菩薩の行を究めているからです。

弥勒菩薩は衆生の心と行いを知り分け、方便の智をもって教化し、一切の波羅蜜を成就し、菩薩地の最高位にあります。

弥勒菩薩は、生死の世界を離れて、諸仏のもとで記《き》（未来に仏になる保証）を得ました。一切の諸仏が甘露の法をもって、弥勒菩薩の頂きに聖水を灌《そそ》いで、未来の成仏を祝福されました。

良家の子よ。

弥勒菩薩こそ、あなたを示導する善知識です。

弥勒菩薩は、あなたの菩提心を堅固にし、菩提心を長養されるでしょう。

弥勒菩薩は、あなたの善根を増し、無礙の法、平等の諸地を説かれるでしょう。

良家の子よ。

いっそう心して善知識を求めなさい。善知識を恭敬し礼拝して、その言葉を疑うことなく、倦《う》み疲れることなくありなさい。

諸菩薩は善知識によって菩薩行を究めて、一切の菩薩の功徳、一切の菩薩の大願、一切の菩薩の善根を満たして、菩薩道の修行を助けられました。

諸菩薩は善知識によって法明《ほうみょう》（智慧の光明）を生じ、菩薩の法門を浄めます。

諸菩薩は善知識によって功徳の法蔵を維持し、一切の菩薩の大悲・大慈の力をもち、衆生を饒益《にょうやく》する心を得、悪道を遠離して大乗に安住し、菩薩行を修して悪知識を遠ざけます。

諸菩薩は善知識によって心退転せず、心に世間の惑乱なく、心に染著することなく、煩悩を除滅して諸魔に害されることもありません。

良家の子よ。

善知識は、慈母です。道を求める者を如来の家に生まれさせるゆえに。

善知識は、慈父です。道を求める者に無量の加護を与えるゆえに。

善知識は、養育者です。道を求める者を守護して一切の悪行を止めるゆえに。

善知識は、偉大な師です。道を求める者を教化して菩薩の戒を学ばせるゆえに。

善知識は、導師です。道を求める者を彼岸（さとりの岸辺）に至る道に導くゆえに。

善知識は、良医です。道を求める者の煩悩の患いを治癒するゆえに。

善知識は、雪山《せっせん》（ヒマラヤの山地）です。道を求める者のために智慧の薬草を生じるゆえに。

善知識は、勇将です。道を求める者を護衛して一切の恐怖を除くゆえに。

善知識は、堅固な船です。道を求める者を乗せて悉く生死の海を越えるゆえに。

善知識は、船長です。道を求める者を一切智の法宝の島に渡らせるゆえに。

良家の子よ。善知識を求めなさい。

善知識に出会えば大地のようだと思いなさい。大地は万物を乗せて育むゆえに。

善知識は金剛石（ダイヤモンド）のようだと思いなさい。堅固にして何にも壊されないゆえに。

善知識は金剛山のようだと思いなさい。一切の苦患を壊《え》するゆえに。

善知識に出会えば、自分を捨てて従い、自己にたのむことなく、良き弟子でありなさい。

善知識に会って、下僕の心になりなさい。怠惰・驕慢を破するゆえに。

善知識に会って、商主の心になりなさい。隊商を率いて宝の地に行くゆえに。

善知識に会って、田畑の作物の心になりなさい。稔りの時を知るゆえに。

善知識に会って、駿馬の心になりなさい。俊足にして遠くに走るゆえに。

善知識に会って、象の心になりなさい。諸根を調伏するゆえに。

善知識に会って、子犬の心になりなさい。瞋恚を離れるゆえに。

善知識に会って、山の心になりなさい。悪風に動じることがないゆえに。

善知識に会って、風の心になりなさい。所著なく動くゆえに。

善知識に会って、折角《せっかく》（困難を排して努める）心になりなさい。虚勢を離れるゆえに。

善知識に会って、橋梁の心になりなさい。仏の教えに渡るものであるゆえに。

善知識に会って、経典に説かれているとおりに正路を見いだした思いをもちなさい。沙漠で涼池にたどりついた思い、龍王や毘沙門天に会った思いになりなさい。

善知識に会って、修学の心、勇健の心をもちなさい。

良家の子よ。善知識に会って、これらの思いをもち、素直な心で善知識をあおいで、その教えに随順しなさい。そうすれば善根は増長して、雪山で薬草を得るかのようです。そして仏位《ぶつい》の器（さとりの器量）となることは海の潮流を飲むかのようです。その心の清浄にして世間を超出すること大海に須弥山のそびえるごとく、世間に染まらざること泥水と蓮華のごとく、諸悪に没せざること海の死体をとどめざるがごとく、智の光明は満月のごとく、普く法界を照らすこと陽の輝くごとく、菩薩の身体を育むこと母の子を養うがごとくです。

良家の子よ。善知識の教えに随順するなら、つまるところ、不可説・百千億那由他《なゆた》の功徳を得て、不可説・百千億那由他の菩薩の諸根を増長し、不可説・百千億那由他の菩薩の法門に入り、不可説・百千億那由他の菩薩の大願を成就するでしょう。

良家の子よ。菩薩の道を行く求法者は、つまるところ、善知識によって一切の菩薩の行、一切の菩薩の波羅蜜、一切の菩薩の諸地、一切の菩薩の法忍《ぼうにん》（認可・信認）、一切の菩薩の陀羅尼《だらに》、一切の菩薩の三昧、一切の菩薩の通明智《つうみょうち》（智慧の神力）の自在、一切の菩薩の回向《えこう》（働きかけ）、一切の菩薩の大願を究竟するでしょう。

良家の子よ。このような一切の法は、善知識を本《もと》とし、善知識によって生じ、善知識によって取得し、善知識によっておこし、善知識によって長じ、善知識によって住《じゅう》し、善知識によって得られるのです。

＊

二人の貴公子・貴公女からこのように善知識の霊威と徳性を聞いたスダナ・クマーラ＝善財童子は二人に礼拝し、そこを都城スマナームカを出て弥勒菩薩のもとに向かった。

菩薩の道は善知識によって導かれ、
ひたすら善知識に従うことによって開かれる。

㊿ 弥勒菩薩の説示

諸仏・諸菩薩の塔

大商主の子スダナは、善知識の徳性について思念しながら、心は歓びに満たされて、南方のサムドラカッチャ（海岸）地方への道を歩んだ。そして、マハーヴューハ（大荘厳）の林中、弥勒菩薩のましますす大楼閣ヴァイローチャナ・ヴューハーランカーラ・ガルバ（毘盧遮那荘厳蔵）の前に至った。その厳浄にして高く広大な楼閣を仰いでスダナは頭を地につけ、五体を投げて礼拝し、このように思った。

＊

この大楼閣は、諸仏・諸菩薩、諸《もろもろ》の善知識そのものである。

この楼閣は諸仏の塔、如来の像であり、ここに諸仏・諸菩薩の法の衆宝が蔵されている。

この楼閣は声聞《しょうもん》・縁覚《えんがく》（小乗の修行者）、菩薩（大乗の求法者）および一切の聖衆《しょうじゅ》の塔である。

この楼閣は我が父母であり、一切の功徳を生じる田（福田《ふくでん》）である。

＊

そう思って楼閣を仰ぐと、それは虚空《こくう》のごとく広大で、影のごとく夢のごとく見え、雷光のごとく煌《きら》めき、雷鳴のごとく響くのであった。

この楼閣を拝して、諸仏を恭敬し供養するスダナの心はいっそう強くなった。そして恭敬の心からは無量の諸仏が化現し、供養の心からは般若波羅蜜の菩薩の大願が堅固におこり、スダナは身心《しんしん》柔軟《にゅうなん》を得た。

スダナは、空・無相・無願の三解脱に至る楼門に立ち、偈を誦した。

大慈《だいじ》の弥勒摩訶薩《みろくまかさつ》は妙功徳《みょうくどく》を具足して此《こ》の法堂《ほうどう》に住《じゅう》す。
一切諸《いっさいもろもろ》の仏子は常に大乗の行を履《ふ》み、諸の法界に遊戯《ゆげ》して此の法堂に住す。
仏子は此の堂に住して念念に諸定《しょじょう》に入り、一一《いちいち》の三昧門に仏の境界を顕現す。
仏子は此の堂に住して一切の仏刹《ぶっせつ》、三世一切の諸仏の名号を覚知す。
仏子は此の堂に住して悉《ことごと》く仏法の海を飲み、深く智慧海《ちえうみ》に入りて功徳の海を超度《ちょうど》す。

弥勒菩薩の教え

こうしてスダナが偈をもって讃歎して楼門を入ろうとしたとき、弥勒菩薩が外から戻ってきた。

菩薩は天・龍・夜叉・阿修羅・緊那羅・摩睺羅伽・乾闥婆ら天龍八部の神々や精霊・鬼神たち、それに無数の人びとに囲まれて、外から戻ってきたのである。

スダナは弥勒菩薩を一心に礼拝して告げた。

＊

仏の長子であられる菩薩大士にみ教えを賜りにまいりました。

菩薩の道はいかに学び、いかに修すべきでしょうか。

そして、菩薩の道を成就して一切の仏法を具したとき、人びとの求めに応じていかに救い、一切諸菩薩の大願と所行を究竟できましょうか。願わくばお説きください。

＊

そのとき弥勒菩薩は会座《えざ》の神々や精霊と人びとにスダナを指さして告げた。

＊

このクマーラ（高貴な少年）を見よ。

この少年は菩薩の道を求めて旅をし、いま、ここまで到達した。

この少年は昔日、ダニヤーカラ（福城）の精舎で文殊菩薩の教えを受け、善知識を求めて旅をしてきた。このように菩薩の道を問うて心に疲倦《ひけん》なく、大乗を学ぶ者は稀有である。やがて大願を成就して大荘厳を具す者となろう。大慈をもって衆生を救護《くご》し、大精進波羅蜜をおこして大衆《だいしゅ》を示導《じどう》し、大法の船に乗って生死の海を渡る者となろう。

この少年は、菩薩道を成就する稀有な者である。衆苦悪道の諸難、邪見の険路、愚癡の闇を除滅して、魔界を渡るであろう。

この少年は、貪・瞋・癡の三毒熾盛《しじょう》なる者には清涼の水を得せしめ、三有《さんう》（物質的な世界）の獄は智の門によって開き、邪見の縛は慧《え》の剣によって断つであろう。

この少年は、三界の苦の城に住する者には解脱の門を開き、怨賊に害せらる者には涅槃の城を設けるであろう。

皆に告げる。

世間に無上菩提を求めて発心する者は稀である。発心して精進し、心に懈怠なく仏法を求める者は、さらに稀有である。しかし、この少年のように菩薩の道を行くならば、多くの善知識に出会って、この一生のうちに普賢菩薩の行を具足し、諸の波羅蜜を成就して菩薩の自在力を顕現するであろう。

＊　＊

弥勒菩薩は、会座の神々や人びとにこのように告げてからスダナに言った。

良家の子よ。私はあなたを祝福します。あなたは今、諸仏・諸菩薩の法を見聞し受持して、無量劫においても得がたい功徳を得ることができました。

あなたは文殊菩薩にまみえてから世間の険難悪道を離れ、正道を歩みました。

あなたは童蒙《どうもう》の地（児童の段階）を過ぎて菩薩の諸地に住し、諸仏の地と菩薩の行海を得ました。虚空のように広大な諸仏の智慧の蔵を維持して、菩薩の行を具備し、衆生を教化するでしょう。あなたは諸仏に護念せられ、善知識に随順して菩薩の性《しょう》を長養し、仏種《ぶっしゅ》を断ぜず、これまでの修善によって、久しからずして勝妙の果報を得ることでしょう。

＊

菩提心の功徳

スダナは、しかし、弥勒菩薩に乞うた。「私は無上菩提を得たいと発心しましたが、菩薩の道をいかに学び、いかに行じるべきかを知りません。願わくば、そのことを私にお説きください」と。
そのとき弥勒菩薩はスダナを観察し、会座の神々や人びとにスダナを指さして偈を宣じた。

此の善財童子は浄き直心《じきしん》と智慧をもって菩薩の行を求め、我が所に来至せり。
大悲の雲、能《よ》く甘露の法雨をふらし、浄眼を具足して菩薩行に厭《あ》くことなし。
清浄の道《どう》、功徳の路《みち》に安住し、勇猛精進の力をもって最勝の地を逮得《たいとく》す。

そして弥勒菩薩はスダナを嘉《よみ》して告げた。

善きかな、幸いなる者よ。あなたは阿耨多羅三藐三菩提を求める心をおこし、その菩提心において一切の仏法を求め、文殊師利大善知識に値遇《ちぐ》することができました。

＊

菩提心は、則《すなわ》ちこれ一切諸仏の種子《しゅうじ》なり。一切諸仏の法を生ずるがゆえに。
菩提心は、則ちこれ良田なり。衆生の白浄《びゃくじょう》の法を長養するがゆえに。
菩提心は、則ちこれ大地なり。一切の世間を持するがゆえに。
菩提心は、則ちこれ大風《だいふう》なり。一切世間に障礙なきがゆえに。
菩提心は、則ちこれ盛火《じょうか》なり。一切の邪見愛を焼くがゆえに。
菩提心は、則ちこれ浄眼なり。悉く邪正《じゃしょう》の道《どう》を覩見《とけん》するがゆえに。
菩提心は、則ちこれ大道《だいどう》なり。一切智の城に入らしむるがゆえに。
菩提心は、則ちこれ勝宅なり。一切衆生の帰依する所なるがゆえに。
菩提心は、則ちこれ慈母なり。一切の菩薩を増長するがゆえに。
菩提心は、則ちこれ養育者なり。一切の菩薩を守護するがゆえに。
菩提心は、則ちこれ大海なり。悉く功徳を容受するがゆえに。
菩提心は、則ちこれ雪山《せっせん》なり。清浄の薬草を長養するがゆえに。
菩提心は、則ちこれ蓮華なり。一切世間の法に染まらざるがゆえに。

菩提心は、則ちこれ如意宝珠なり。一切の功徳の利を具足するがゆえに。
菩提心は、則ちこれ大都城なり。菩薩の商人の所住する処《ところ》なるがゆえに。
菩提心は、則ちこれ無上の塔なり。一切の諸天・衆生の供養に応じるがゆえに。

良家の子よ。菩提心は、たとえば人が万病に効く薬を得て、病悩から逃れるような効能があるのです。たとえ欲望の炎が燃えさかっていても、菩提心をおこせば、焼かれることはありません。良家の子よ。如来の家に生まれて菩提心をおこせば、一切世間の諸魔・眷族も害することはできません。固い鋼《はがね》の剣が軟鉄の鎖を断つように、菩提心の風は吹いて煩悩を除きます。もし人が荒れた海で漂流しても、菩提心をおこせば溺れず、怪魚に害されることもありません。菩薩大士もそれと同じです。菩提心をもって生死の海に入れば、諸苦・煩悩に溺れることはありません。

良家の子よ。菩提心にはこのように無量の功徳があります。それは三世の諸仏がもつ福徳と同じほど多いのです。なぜなら、一切の菩薩行は菩提心から生じ、三世の諸仏は菩薩行によって正覚を成じられたのですから。

＊

良家の子よ。もし人びとが菩提心をおこすなら、その無量の功徳を得るでしょう。

弥勒菩薩の楼閣

それから弥勒菩薩は、スダナの「菩薩の道をいかに学び、いかに行じるべきか」という問いには、「この楼閣の内側を観察する楼観《ろうかん》を修せば、菩薩の行を学び、菩薩の道を修すことができよう」と答えた。

それでスダナは弥勒菩薩に深く礼拝して、「楼閣の扉を開いて私を入らせてくださいますように」と願った。

そのとき弥勒菩薩が指を弾《はじ》くと、扉は自然に開き、スダナが中に入ると、自然に閉じた。

その楼閣の内部は、建物の中であるにもかかわらず虚空のように広大で、無数の部屋と龕《がん》（小部屋）と小塔があり、無数の宮殿・楼閣もあり、みな金・銀・瑪瑙など七宝の傘蓋や幢幡・瓔珞・宝網・樹木などで荘厳され、無数の黄金の鈴が鳴り、鳥がさえずり、花々が散らされていた。

そしてスダナは、そのさまざまな部屋や楼閣の中に、それぞれ自分がいるのを見た。

その無数の自分の姿は弥勒菩薩の過去の姿でもあった。

ある部屋では初めて発心してマイトレーヤ（慈心）三昧を修している。そこにマイトレーヤ（慈氏）すなわち弥勒菩薩の名号が生じたのだった。

ある部屋では転輪聖王となり、あるいは天上の帝釈天や梵天王となり、あるいは阿修羅王となって瞋恚の眷族を調伏し、あるいは閻魔王となって大光明を放って地獄界を照らして苦を滅し、あるいは餓鬼道で食物・飲料を施し、あるいは畜生道の種々の身を受けて同類の愚闇を除いている。

また、ある部屋では弥勒菩薩の姿を現して四天王とその眷族のために法を説き、あるいは水界の龍王とその眷族のために法を説き、あるいは人間界で法を説いている。すなわち声聞・縁覚のために法を説き、あるいは菩薩道の人びとのために法を説き、あるいは初地の菩薩のために法を説いている。

また、ある部屋では布施・持戒・忍辱・精進・禅定・智慧の波羅蜜を成就して、布施の門、持戒の門、忍辱の門などの三昧門に入り、一切の波羅蜜を満たして菩薩の十地を具足し、次に転生するときには如来となる一生補処《いっしょうふしょ》の菩薩になり、仏から未来記（成仏の保証）を受ける姿が見えた。

さらに、弥勒菩薩は百千劫において経巻を読誦し書写して法門を念じ、あるいは慈・悲・喜・捨の四無量心をもって一切の菩薩行を修し、世間の衆生の求めに応じて身を現している。

ある部屋では、弥勒菩薩は深く禅定三昧に入り、全身の毛孔から種々の変化身の雲を放出している。いわゆる天身雲、あるいは転輪聖王・王子・大臣・居士・声聞・縁覚・諸如来身雲である。

また、全身の毛孔から一切衆生の化身雲を出し、あるいは十波羅蜜の法門、諸の陀羅尼門、無量の通明《つうみょう》、無量の願行など、菩薩の一切の法門を出す。

また、ある部屋では諸の如来が大衆《だいしゅ》に囲繞《いにょう》されている。その諸仏の会座の衆はさまざまで、諸仏の名号も寿命もさまざまであった。

これら、さまざまな光景を見せる部屋や小塔・楼閣の中央に、ひときわ高く広い楼閣がある。その内部には三千大千世界の百億の閻浮提、百億の兜率天があり、それぞれ諸仏の成道の姿があった。すなわち、一生補処の菩薩が下生《げしょう》して母の胎に入り、出生して七歩にして「天上天下唯我独尊」を獅子吼し、宮廷で王子として成長し、王城の四門から出遊して生老病死の四苦を知って出家し、苦行の林を出て乳粥を受けたのちに道場に坐して衆魔を降伏《ごうぶく》し、菩提樹下で成道を得て、法輪を転じ、正法を説いて衆生を教化し、入滅して舎利を分かつ。

　このときスダナは自分の姿が諸仏のみもとにあるのを見た。また、無量の善知識とともにいるのを見たのであった。

　そのとき、弥勒菩薩が指を弾く音が聞こえた。するとスダナは、もとの楼閣を出ていた。

「良家の子よ。あなたは菩薩の自在神力の大願、善業の功徳の結果を見ただろうか。菩薩の荘厳、奇特の行、一切無量の諸仏の大願、これらのことを見たであろうか」

「はい。私は確かに見ました。善知識の威神力によるゆえに」

　スダナが弥勒菩薩にこの三昧の名を尋ねると、それは入三《にゅうさん》世《ぜ》智《ち》正念《しょうねん》思《し》惟《ゆい》荘厳蔵《しょうごんぞう》の法門というとのことであった。

菩薩の故郷

　それからスダナは弥勒菩薩に問うた。

「この妙荘厳の法は、いずこから生起したのでしょうか」

弥勒菩薩は、このように語った。

＊

良家の子よ。この法門は菩薩の神力から生じました。しかし、その神力のなかにあるのではありません。この法門は来たらず去らず、どこからか生起してくるのではなく、どこかに去って消滅するのでもなく、どこかに留まっているものでもありません。

龍が雨を降らすときも、その雨水は龍の身体にあったものではありません。龍が雨を降らそうと思えば、雨が降ります。この妙荘厳の法も同じで、ただ菩薩の神力によって生じるのであり、来ることもなく去ることもなく住することもなく、生じず滅せず、ただ菩薩の智力・願力によって現します。

＊

さらにスダナは文殊菩薩に問うた。「菩薩大士は、どこから来られたのでしょうか」と。

弥勒菩薩は、このように語った。

＊

良家の子よ。菩薩は十の趣《しゅ》（境界）から来ます。

一には無来《むらい》の趣、二には無行住《むぎょうじゅう》の趣、三には無所著《むしょじゃく》の趣、四には不生不死《ふしょうふし》の趣、五には不住《ふじゅう》不至《ふし》の趣、六には不離不起《ふりふき》の趣、七には不捨不著《ふしゃふじゃく》の趣、八には無業無報《むごうむほう》の趣、九には無起無依《むきむえ》の趣、十には不常不断《ふじょうふだん》の趣です。

良家の子よ。

菩薩はただ衆生を救護するために大慈悲から来ます。衆生の苦を滅するために。

菩薩は浄戒の道から来ます。その楽《ねが》うところに従って自在に生じるゆえに。

菩薩は大願の道から来ます。それが本の発意であるゆえに。

菩薩は神通の道から来ます。衆生の苦を滅して仏所に安住させるゆえに。

菩薩は智慧の方便の道から来ます。一切衆生の類に随順するゆえに。

良家の子よ。

もしあなたが私の生国を問うのなら、それはこの南方の地のマーラダ（摩離《まり》）国のクティ（楼観《ろうかん》）という村です。

そこにゴーパーラカ（瞿波羅《くはら》）という長《おさ》がいました。この長が私に法を説いて発心させてくれたのです。そして私は、この故郷の父母・親族ら、人びとに法を説いて大乗に住せしめました。

しかし、良家の子よ。菩薩には十の生家があります。

一には菩提心、二には正直の道心、三には菩薩の諸地、四には衆生済度の誓願、五には布施・愛語・利行《りぎょう》・同事の四摂法《ししょうほう》、六には般若波羅蜜の観法《かんぼう》、七には摩訶衍《まかえん》（大乗）の方便、八には無生法忍《むしょうぼうにん》（空の認識）、九には智慧と方便、十には随順諸法《ずいじゅんしょほう》、過去・現在・未来の三世を法のままに生きていくことです。

良家の子よ。

菩薩は般若波羅蜜をもって母とし、大いなる智の方便をもって父とし、檀《だん》波羅蜜（布施）を乳とし、尸《し》波羅蜜（持戒）を乳母とし、羼提《せんだい》波羅蜜（忍辱）を荘厳の具とし、毘梨耶《びりや》波羅蜜（精進）を養育者とし、禅波羅蜜（禅定）を潔浄とし、善知識を師とし、菩提分（七覚支《しちかくし》）を朋友とし、一切の善根を親族とし、一切諸菩薩を兄弟とし、菩提心を家とします。

そして、諸仏の経典に説かれるとおりに修行するところを宅地とし、菩薩がいるところを住まいとし、菩薩の忍辱の法を家具とし、菩薩の大願を財産とし、菩薩行を家法とし、大乗を家法の継承として、甘露の灌頂《かんじょう》を受けた一生補所の菩薩を王家の太子として、三世の仏家《ぶつけ》を修治《しゅち》します。

仏子、良家の子よ。このようにして菩薩は衆生の地を超えて如来の家に生まれ、三宝を保持して断つことなく、一切の菩薩の家系を守護します。

そして私は、もし、菩薩の道をゆく者が疲れて道心を失うことがあれば、故郷の家に帰還して菩提心を養うことができるように、この閻浮提の南端の地、マーラダ国のクティ村の婆羅門の家に生まれたのです。

私は、父母・親族および衆生を化度してから、天界の神々を導くために兜卒天に昇りました。諸行は悉く無常であるゆえ、天界の者たちにも寿命の尽きることを教えるためです。

良家の子よ。この閻浮提には釈迦牟尼世尊によって一つの蓮華の蕾《つぼみ》が置かれています。私は未来に兜卒天から下生《げしょう》して、その蕾に入り、花弁を開いて如来になります。

そのときあなたは、妙吉祥《みょうきっしょう》の法王子であるマンジュシュリー（文殊菩薩）とともに如来にまみえることができます。それに、あなたが善知識に導かれて歩んで来られたのは、法王子である文殊師利菩薩の威神力を受けていたからです。

良家の子よ。文殊菩薩に問いなさい。菩薩の道をいかにゆき、普賢の所行を成就するのかを。

＊

スダナ・クマーラ＝善財童子は弥勒菩薩に礼拝し、そのもとを辞した。

菩薩は如来の家に生まれ、
菩提心を基点とし道を歩む。

52 文殊菩薩の励まし

文殊菩薩の手

大商主の子スダナは、それから百十の都城をめぐってスマナームカ（妙意華門《みょういけもん》・普門《ふもん》）城のほとりに坐し、一心に妙吉祥の法王子マンジュシュリー（文殊菩薩）を念じた。「どうか文殊師利法王子にまみえさせたまえ」と。

スダナがこのように念じたとき、文殊菩薩は一千由旬のかなたの居所から右手をのばして、手の平をスダナの頭に置き、このように告げた。

＊

善きかな、幸いなる者よ。よくこの法性《ほっしょう》（万物の真実の性質）を了知しました。

もし信根《しんごん》（信心の機根）を離れたならば、憂悔《うげ》に没して、この法性を知ることはできません。そのような人は、精勤《しょうごん》の心を失って、少ない功徳の結果に満足してしまい、わずかな幸福に執着して菩薩の行を発起せず、菩薩の道に向かおうとはしません。

そのような人は善知識に擁護されず、諸仏に護念されることもありません。

幸いなる者よ。あなたは善知識に随順して、この法性を了知し、諸法の理趣《りしゅ》（空の道理）と菩薩の諸行、菩薩の住すべきところを普く周偏して種々に知り、その源底を尽くしました。

＊

文殊菩薩はこのようにスダナを嘉した。

そのときスダナは無量の法門を得て、大智の光明、無量の菩薩の陀羅尼、無量の菩薩の大願などを得た。さらに文殊菩薩はスダナ・クマーラ＝善財童子をサマンタバドラ（普《あまね》く勝れた賢者）すなわち普賢菩薩の行願の道場の内に入れると、もとの居所に戻った。

菩薩の道を行く者は、
常に法王子・文殊菩薩に祝福されている。

㊿53 普賢菩薩の誓願

瑞兆

大商主の子スダナは、三千大千世界を微塵に砕いた塵の数ほど多くの善知識にまみえることを得て、その教えに違《たが》わず、一切智と大慈悲を増長して甚深《じんじん》の大功徳海に入り、諸仏の法輪に随順して菩薩行を修して大願を満たし、普賢菩薩の所行を修習した。そしてスダナは、普賢菩薩の名号、普賢菩薩の行願・功徳・境界等を得て一心に普賢菩薩にまみえたいと念じた。

一心にそれを念じるとき、スダナはかの毘盧遮那仏の菩提道場ヴァジュラサーガラガルバ（金剛《こんごう》海蔵《かいぞう》）において如来の獅子座のみもとにあり、あらゆる宝石を散りばめて荘厳された一切宝蓮華の座に坐していた。そして虚空のように広大な心、一切無著の心、一切衆生を教化する心、菩薩行を成就して如来の十力を究竟する心を得たのだった。

そのとき予兆があった。普賢菩薩が訪れる前の十種の瑞祥《ずいしょう》がスダナに見えたのである。

一には、一切利土《いっさいせつど》（諸仏の国土）が諸仏の菩提道場に荘厳して浄化されるのが見えた。

二には、一切利土の地獄・餓鬼などの悪道が蓮華に覆われて消滅するのが見えた。

三には、一切刹土が蓮池のように清らかであるのが見えた。

四には、一切刹土の衆生の心身が柔軟であるのが見えた。

五には、一切刹土の宝玉で荘厳されているのが見えた。

六には、一切刹土の衆生が仏の三十二相をそなえるのが見えた。

七には、一切刹土が荘厳の雲で覆われるのが見えた。

八には、一切刹土の衆生が慈悲心をもち悪心をおこさないのが見えた。

九には、一切刹土は菩提道場を荘厳して浄らかであるのが見えた。

十には、一切刹土は衆生が悉く仏を念じる三昧を修するのが見えた。

またスダナは、普賢菩薩が訪れる瑞祥の十種の光明を見た。一切世界の微塵より一切の如来の姿を照らす光明、一切世界の微塵より一切の菩薩の姿を照らす光明などである。

普賢菩薩の法界荘厳

これらの瑞兆を見たあとにスダナは普賢菩薩の姿を拝することができた。

普賢菩薩は金剛海蔵の菩提道場に在《あ》り、毘盧遮那如来のみもとで蓮華蔵の獅子座に坐して無量の神々や精霊、人びとに囲まれていた。そして全身の毛孔から光明を放ち、十方の法界に充満して、その光のなかに一切諸仏と衆生の姿を浮かび上がらせた。

普賢菩薩の光雲は、一切の苦患を除滅し、悉く菩薩の善根を長養する。

また、普賢菩薩は全身の毛孔から香の雲を放出し、十方の一切諸仏とその眷族を薫じた。

また、普賢菩薩は全身の毛孔から一切世界の微塵数の華雲《けうん》を放出し、一切世界の微塵数の香樹雲を放出し、衆《もろもろ》の妙音・宝衣・宝樹などを放出して虚空を満たし、一切の法界を荘厳した。

普賢菩薩の全身の毛孔は、指先・足先にいたるまで、その一つ一つの毛孔に悉く三千大千世界を蔵している。その一つ一つの毛孔に、この娑婆世界《しゃばせかい》の風輪《ふうりん》・水輪《すいりん》・火輪《かりん》・地輪《じりん》、大海宝山《だいかいほうざん》・須弥山《しゅみせん》王《のう》・金剛囲山《こんごういせん》、一切の舎宅《しゃたく》・諸《もろもろ》の妙宮殿《みょうぐうでん》、衆生《しゅじょう》の等類《とうるい》、一切の地獄《じごく》・餓鬼《がき》・畜生《ちくしょう》・閻羅王《えんらおう》の処《ところ》・諸《しょ》天《てん》・梵王《ぼんのう》ないし人《にん》・非人等《ひにんとう》、欲界《よくかい》・色界《しきかい》および無色界《むしきかい》、一切の劫数《こうすう》があって、仏菩薩《ぶつぼさつ》が衆生を教化しているところが見える。同じく東方・南方・西方・北方・北東方・東南方・南西方・西北方・下方・上方の十方一切の世界も見える。

また、この娑婆世界の毘盧遮那如来（釈迦如来）のもとで普賢菩薩がこのような自在神力を顕現するのと同じく、東方の蓮華妙徳《れんげみょうとく》世界の賢首仏《げんじゅぶつ》および東方諸仏のもとで自在神力を顕現する普賢菩薩の姿が見える。同じく十方微塵数の諸仏のもとで自在神力を顕現する普賢菩薩が見える。

この普賢菩薩の姿を見たとき、スダナは智波羅蜜《ちはらみつ》を成就し、十の不可壊《ふかえ》の智慧光明の法門を得た。

一には一念一念に一切仏刹に身体を遍在させる智波羅蜜、二には一念一念に一切諸仏に詣でる智波羅蜜、三には一念一念に一切諸仏を恭敬《くぎょう》し供養する智波羅蜜、四には一念一念に一切諸仏の正法《しょうぼう》を聞いて受持《じゅじ》する智波羅蜜、五には一念一念に一切諸仏の転法輪《てんぼうりん》を観じる智波羅蜜、六には一念一念に一切諸仏の不可思議の神変《じんぺん》を観じる智波羅蜜、七には一念一念に一切諸仏の無尽蔵の説法の雄弁を観じる智波羅蜜、八には一念一念に一切諸仏の法海《ほうかい》と無量の方便を観じる智波羅蜜、九には一念一念に一切衆生の欲性《よくしょう》を知る智波羅蜜、十には一念一念に普賢菩薩と同じく一切衆生と共にいる智波羅蜜である。さらに、普賢菩薩がスダナの頭に右手を置いて祝福すると、スダナは一切世界の微塵数の三昧門を得たのである。

そのとき普賢菩薩はスダナに語った。「あなたは我が自在神力の顕現を見たであろう」と。

スダナは答えた、「はい。確かに見ました。ただ、この不可思議な神変を理解できるのは仏のみでございましょう」と。

＊

良家の子よ。過去の不可説微塵数の劫において、私は無上菩提を求め、菩薩行を行じました。私はその一劫一劫に不可説微塵数の諸仏のもとで菩提心を修しました。すなわち、布施の法会を営んで一切に施与し、家も地位も妻子でさえも捨てて身命を惜しまず、一心に一切智を求めたのです。

私は過去の無量の劫において、不可説微塵数の諸仏に供養しました。そして諸仏のもとで出家学道し、正法を受持して、貪欲《とんよく》・瞋恚《しんに》・愚癡《ぐち》の心をもたず、我我所《ががしょ》の心をもたず、生死に楽著《けじゃく》する虚妄《こもう》の心をもたず、他の人を軽慢《きょうまん》する心をもたず、諸の障礙《しょうげ》の心を生じずに不壊《ふえ》の菩提心を修して、いまだかつて諸仏の法を忘失したことはありません。

良家の子よ。私が修した菩薩の諸行は、仏の世界を浄め、衆生を教化して大悲の心を養います。

私は諸仏と善知識を供養して正法を護持し、世間の智（実学・技能）と出世間の智（仏道の行・学）を修習して一切衆生をして生死の苦悩から離れさせて、一切諸仏の功徳を讃える心を養いました。

良家の子よ。私はこうして諸の善根力《ぜんごんりき》を得ました。勝法《しょうぼう》を楽《ねが》う力、功徳を修す力、諸法の寂滅《じゃくめつ》性《しょう》（一切皆空《いっさいかいくう》）を観察する力、浄らかな慧眼《えげん》の力、仏の威神の力、諸の大願の力、大慈悲の力、浄らかな通明《つうみょう》（智慧の神通力）の力、善知識の力を私は得ました。

これらの威力によるゆえに、私は本性清浄《ほんしょうしょうじょう》の法身《ほっしん》を逮得して、過去・現在・未来の三世に消滅することはありません。また、無上清浄の色身《しきしん》（目に見える姿）を得て一切の世間に現し、人びとのそれぞれの境遇や性質に応じて救います。

良家の子よ。まさに我が清浄の法身を観ぜよ。

無量の劫に菩薩行を行じて成就した我が法身は、善根の少ない人には見えません。たとえ仏道の修行者でも声聞・縁覚の小乗の者たちは私の名を聞くことさえなく、まして、我が法身を見ることはできません。

良家の子よ。しかし逆に、もし我が名を聞くことができた人は無上の仏道において退転することはありません。たとえ夢の中でも私の名を聞き、私の身体を見るなら、その人は私に従い、私の光明を見る人になります。そして、たとえ一日一夜でも私を思惟し念じる人は一切衆生に阿耨多羅三藐三菩提を求める心をおこし、不退転に住せしめるでしょう。

良家の子よ。私は菩薩の誓願を成就し、菩薩の行によって一切の仏刹を浄めました。このことを聞く人は必ず清浄の世界に往生することができるでしょう。もし、我が色身を見る人は必ず我が清浄身（法身）のなかに生まれることができるでしょう。

　良家の子よ。まさに我が清浄の法身を観ぜよ。

＊

普賢菩薩の行願讃

そのとき、スダナは普賢菩薩の全身の毛孔に不可説不可説微塵数の世界海に諸仏が充満し、その一人一人の如来が不可説不可説微塵数の大菩薩衆に囲繞され、それぞれの世界で衆生を教化する姿が見えたのであった。

そこで普賢菩薩は、これらの普賢の誓願によってなされた菩薩行の威大な功徳を宣じる讃偈《さんげ》をスダナ・クマーラ＝善財童子に授けた。

汝ら清浄《しょうじょう》の心をもって諦聴《たいちょう》せよ。仏の一切行と真実の波羅蜜を説かん。
普賢は仏の真子《しんし》にして一切の行を究竟《くぎょう》し、一念に三世の一切法を了知し、
一切衆生の根《こん》を知り、諸業の善・不善と楽うところを皆悉《ことごと》く知りて為《ため》に法を説く。
毘盧遮那仏は無量無数劫に此《こ》の世界を厳浄《ごんじょう》して最正覚《さいしょうがく》を成《じょう》じたまう。

或《ある》いは賢首仏《げんじゅぶつ》、普賢大菩薩らは悉く蓮華妙徳の刹《くに》に充満したまう。

或いは阿弥陀仏、観世音菩薩、灌頂《かんじょう》を受けた者が悉く諸の法界に充満したまう。

或いは阿閦仏《あしゅくぶつ》、香象《こうぞう》大菩薩らが悉く妙楽浄厳の刹に充満したまう。

或いは月慧仏《がつえぶつ》、金幢《こんどう》大菩薩らが悉く妙浄鏡の刹に充満したまう。

或いは日蔵仏《にちぞうぶつ》、智灌《ちかん》大菩薩らが悉く清浄光明の刹に充満したまう。

諸仏は世間の衆生に随って常に世間に現じたまうと雖《いえど》も、世を離れたること猶《なお》し虚空《こくう》の如し。

復《ま》た世に随って生老病死の苦を現じたまうと雖も、其《そ》の性《しょう》は猶し虚空の如し。

譬《たと》えば巧《たく》みなる幻師《げんし》の能《よ》く種々の事《じ》を現ずるが如く、
仏は衆生を化《け》せんが為に種々の身を示現したまう。

月の虚空に遊び、観る者に増損《ぞうそん》（満ち欠け）を示現し、影は諸の河池に映ずるが如し。

譬えば深き大海《だいかい》が衆生の形類《ぎょうるい》の像を現ずるが如く、
甚深《じんじん》の因縁海は功徳の宝《ほう》尽くることなく清浄の法身の中に像として現ぜざるなし。

譬えば明浄の日の世間の闇を照除するが如く、如来の浄智は悉く三世の闇を除く。

譬えば龍の慶雲《きょううん》を興して普く一切に雨ふらすに、
心身より雨をふらすにあらずして熱を除き清涼《しょうりょう》を得せしむるが如し。

如来も亦是《またかく》の如く大悲の雲を興起して普く甘露の法を雨ふらし、
貪瞋癡《とんじんち》の三毒の火を除滅したまうも、其の法は如来の心身より出《い》ずるにあらず。

如来の浄法身は三界に倫《たぐい》なし。諸の世間を超出して、
有《う》にあらず無にあらず、去らずして而《しか》も遍《あまね》く至る。
如来は、譬えば夢に見るが如く、或いは空中の書画の如く、
色《しき》にあらず無色にあらず、相にあらず無相にあらず、其の性は虚空の如し。
如《にょ》・自性《じしょう》・実際《じっさい》・涅槃《ねはん》・離欲《りよく》・滅《めつ》、是らは皆悉く一性《いちしょう》なり。
海水の滴《しずく》は量るべくとも仏の徳は説くとも尽くさず。
此の法を聞きて歓喜し、心に信じて疑うことなき者は、
速やかに無上道を成じて諸の如来と等しからん。

ここに、聖なるマハーヴァイプリヤブッダ（大広方仏《だいほうこうぶつ》）の蓮華荘厳の法門が開示された。

世界は菩薩の行によって浄化され、仏の光明に荘厳されている。
一心に礼拝せよ。

◉『華厳経』と「入法界品」

『華厳経』の漢訳

『華厳経』の原名は「マハーヴァイプリヤブッダ・アヴァタンサカスートラ」という。大方広仏《だいほうこうぶつ》すなわち時間も空間も超越した広大な仏の蓮華で荘厳された経典ということで、漢訳名も詳しくは『大方広仏華厳経』という。

その漢訳に二種がある。ひとつは仏駄跋陀羅《ぶつだばだら》（ブッダバドラ／三五九〜四二九年）訳の六十巻で「六十華厳」と通称される。もうひとつは実叉難陀《じっしゃなんだ》（シクシャーナンダ／六五二〜七一〇年）訳の八十巻で、通称「八十華厳」である。

その「六十華厳」は三十四品（章）、「八十華厳」は三十九品より成る長大な経典で、その品を個別に漢訳した経典も多数ある。そのなかで般若（プラジュニャー／八〜九世紀）が漢訳した四十巻の『大方広仏華厳経』（通称「四十華厳」）は「入法界品《にゅうほっかいぼん》」だけの訳である。

「入法界品」の漢訳名は「法界（法則・真理・仏の世界）に入る章」ということだが、原名の「ガンダヴューハ」は「仏の華厳（花飾り）」といった意味に解されるほかに諸説ある。『華厳経』全体をも意味し、元は独立した一つの経典だったと考えられる。それが六十巻本でも八十巻本でも全体を締めくくる章として末尾に置かれているのだが、経文の分量は「入法界品」だけで全体の三分の一ほどを占める。

『華厳経』の成立

『華厳経』の各品はインドの大乗仏教において説きだされ、四世紀頃には全体が編成されたと考えられている。それはインド亜大陸全体に仏教が広まった時期で、各地にストゥーパ（仏塔）や僧院の遺跡が残る。なかには数百人の僧が暮らしたと推定される大規模な遺跡もある。

ところが、それらは上座部の諸派のもので、グレゴリー・ショペン著『インドの僧院生活』（春秋社）によれば、大乗仏教の痕跡はほとんど見られないという。

上座部は出家者の霊性を尊重する仏教で、信徒は僧にプージャー（供養）すなわち布施の供物をささげることによって功徳を積み、現世の幸福と来世の平安を祈る。そのため僧たちは世俗の生活を離れて霊性をたもつことが義務づけられる。

それらの諸派を大乗仏教の経典では、いわゆる声聞《しょうもん》・縁覚《えんがく》の小乗（少数の者しか救えない小さな乗り物）だと批判し、多くの人を救いとる菩薩の仏道を大乗とした。

しかし、実態としては上座部仏教が小乗であるわけではない。それは現在の上座部仏教圏であるスリランカや東南アジアの寺院に多くの民衆が参拝していることを見れば論を待たない。その寺院にはタイのピーのような土俗の精霊も祀られていて、経典に頻出する緊那羅《きんなら》・摩睺羅伽《まごらが》らの姿を思わせる。

古代インドの上座部仏教の寺院にも当然、多く人が参拝しただろう。人びとは参拝して供物をさげる。遺跡の塔門や石柱には「〇〇派の僧院のために寄進する」といった碑文が残されている。その寄進者のなかには各地の王や諸侯、商人、豪商の夫人などのほか、村人が集団で寄進したという碑文もある。

また、一箇所に複数の仏塔が建立され、大塔の周囲に小さな奉献塔が数多く出土するのは、人びとがさまざまな祈りをこめて、大塔に象徴される仏に礼拝したことを示している。今は沈黙した遺跡の僧院でも、大きな祭礼のときには人びとが数知れず参拝して花や香を供え、堂内には灯明が点々とともされて、仏や、仏を護り讃える神々の像を照らして夢幻のごとく浮かびあがらせたであろう。その情景はあたかも「入法界品」に説かれている弥勒菩薩の法堂のようであったと思われる。

そもそも世界宗教といわれる仏教・キリスト教・イスラム教はどれも、帝国の皇帝や各地の王家に奉じられることによって民衆に広まった。世界宗教は普遍の理念をもつ宗教とされるが、その理念だけでは広まらない。巨大な寺院・教会・祀堂《しどう》などの天を突く尖塔や華麗な儀式、おりおりの祭礼の賑《にぎ》わいを伴って、仏や神の威信は天下に示される。

それとともに、寄進して壮麗な寺院を建立した者の威勢も示されるのだが、その寺院は王や豪商だけのものではない。寺院の鐘の声は身分の違いを超えて遠くに響く。その尖塔の輝きは貧しい家の窓にも光を投げるだろう。

古代インドで大乗仏教を信奉し、『華厳経』を編みあげた人びとも、その民衆の中にいたのだと思われる。それゆえ、「入法界品」の善知識には商人や船乗り、遊女など、さまざまな人がいる。また、『華厳経』にかぎらず、大乗の諸経典は王や長者（富豪）を讃え、仏をラージャ（王）とよび、世の人びとの父であると告げる。

そして『華厳経』は、この世の仏を毘盧遮那仏とよぶ。原名のヴァイローチャナは「光り輝く者」という意味で、意訳して「光明遍照《こうみょうへんじょう》」ともいう。その名は『華厳経』では仏の徳性を表す一般名詞に近く、釈迦如来も毘盧遮那仏とよばれるが、やがて密教の主尊としてマハーヴァイローチャナとよばれ、「大日如来」と意訳されるようになる。ちなみに七世紀に編まれた密教の根本経典『大日経』は正しくは『大毘盧遮那成仏神変加持経《だいびるしゃなじょうぶつじんぺんかじきょう》』という。

『華厳経』の構成

本書の最初にあるように「入法界品」は祇園精舎《ぎおんしょうじゃ》での釈迦如来の説法会《せっぽうえ》から始まる。それは釈迦の在世当時に実在した僧園で、大きな僧院の跡が残るが、精舎（ヴィハーラ）は本来、修行者がとどまる林園であって、建物は質素なものだったという。

そこに煉瓦や石造りの堂宇が建てられるようになっても、「入法界品」が語る大荘厳重閣講堂《だいしょうごんじゅうかくこうどう》とは比べものになるまい。重閣講堂は果てしなく広大で不壊金剛《ふえこんごう》の大地にそびえる。それは大乗菩薩道の三昧《さんまい》（思念の集中）によって見える景色であろう。

『華厳経』の他の箇所も、さまざまな神秘に彩られた集会《しゅうえ》を場として展開される。その集会は「六十華厳」では八会《え》、「八十華厳」では九会である。

その集会と品の名を「六十華厳」によって挙げる。品名の下に「第○」とあるのは経典の習わしによるもので「第○章」の意。また、木村清孝著『華厳経をよむ』（NHK出版）にある現代語の訳を引用して［ ］内に記す。

【第一会】寂滅道場会《じゃくめつどうじょうえ》［静かなさとりの場にて］
世間浄眼品《せけんじょうげんぼん》第一［さとりの眼で見た世間の章］
盧遮那仏品《るしゃなぶつぼん》第二［毘盧遮那仏の章］
【第二会】普光法堂会《ふこうほうどうえ》［光の家にて］
如来名号品《にょらいみょうごうぼん》第三［仏の名の章］
四諦品《したいぼん》第四［四つの真理の章］
如来光明覚品《にょらいこうみょうかくぼん》第五［さとりの光の章］
菩薩妙難品《ぼさつみょうなんぼん》第六［真実の解明の章］

浄行品《じょうぎょうぼん》第七 ［浄らかな行いの章］

賢首菩薩品《げんじゅぼさつぼん》第八 ［賢首菩薩の章］

【第三会】 忉利天会《とうりてんえ》 ［トラーヤストリシャ天にて］

仏昇須弥頂品《ぶっしょうしゅみちょうぼん》第九 ［スメール山の頂きへの章］

菩薩雲集妙勝殿上説偈品《ぼさつうんしゅうみょうしょうでんじょうせつげぼん》第十 ［妙勝殿の菩薩たちの偈の章］

菩薩十住品《ぼさつじゅうじゅうぼん》第十一 ［十住の境地の章］

梵行品《ぼんぎょうぼん》第十二 ［浄らかな実践の章］

初発心菩薩功徳品《しょほっしんぼさつくどくぼん》第十三 ［発心の功徳の章］

明法品《みょうほうぼん》第十四 ［法の説示の章］

【第四会】 夜摩天宮会《やまてんぐうえ》 ［ヤマ天にて］

仏昇夜摩天宮自在品《ぶっしょうやまてんぐうじざいぼん》第十五 ［ヤマ天宮への章］

夜摩天宮菩薩説偈品《やまてんぐうぼさつせつげぼん》第十六 ［ヤマ天宮の菩薩たちの詩の章］

功徳華聚菩薩十行品《くどくけじゅぼさつじゅうぎょうぼん》第十七 ［十行の窮地の章］

菩薩十無尽蔵品《ぼさつじゅうむじんぞうぼん》第十八 ［無尽の宝の蔵の章］

【第五会】 兜率天宮会《とそつてんぐうえ》 ［トシタ天にて］

如来昇兜率天宮一切宝殿品《にょらいしょうとそつてんぐういっさいほうでんぼん》第十九 ［トシタ天への章］

兜率天宮菩薩雲集讃仏品《とそつてんぐうぼさつうんしゅうさんぶつぼん》第二十 ［仏を讃えるの章］

金剛幢《こんごうどう》菩薩《ぼさつ》十廻向品《じゅうえこうぼん》第二十一［十廻向の境地の章］

【第六会】他化天宮会《たけてんぐうえ》［パラニルミタヴァシュヴァルティン天にて］

十地品《じゅうじぼん》第二十二［十地の境地の章］

十明品《じゅうみょうぼん》第二十三［十種の智慧の力の章］

十忍品《じゅうにんぼん》第二十四［法の体得の章］

心王菩薩問阿僧祇品《しんのうぼさつもんあそうぎぼん》第二十五［数の単位の章］

寿明品《じゅみょうぼん》第二十六［仏の国の時間の章］

菩薩住処品《ぼさつじゅうしょぼん》第二十七［菩薩の住処の章］

仏不思議法品《ぶつふしぎほうぼん》第二十八［法の不思議の章］

如来相海品《にょらいそうかいぼん》第二十九［仏のすがたの章］

仏小相光明功徳品《ぶっしょうそうこうみょうくどくぼん》第三十［光を放つ身体の章］

普賢菩薩行品《ふげんぼさつぎょうぼん》第三十一［普賢菩薩の実践の章］

宝王如来性起品《ほうおうにょらいしょうきぼん》第三十二［真実の法の章］

【第七会】普光法堂重会《ふこうほうどうじゅうえ》［再び光の家にて］

離世間品《りせけんぼん》第三十三［菩薩の実践の総括の章］

【第八会】重閣講堂会［壮麗な館にて］

入法界品第三十四［仏の世界に入るの章］

善知識の群れ

「入法界品」は善財童子が五十三名の善知識（師友）を訪ねて菩薩道を問う求法《ぐほう》の旅を語る。その旅は文殊菩薩の巡教にスダナがついていくところから始まるので、文殊菩薩を最初の善知識として数えることもある。しかし、それは求法の旅の開始を告げる部分なので、本書では「序」とし、次の比丘を第一とした。また、第五十の少年・少女は二人で一組の善知識である。その数え方には諸説あるのだが、いずれにせよ、善知識は一定の数に限定されるものではない。

この「善知識」という言葉は、日本の仏教の基層が築かれたころに大きな力をもった。たとえば、民衆が自分たちでつくった寺を「善知識の寺」という意味で「知識寺《ちしきじ》」といった。

聖武天皇が大仏造立を発願したのも、直接のきっかけは知識寺にあった。奈良時代の国家の正史『続日本紀《しょくにほんぎ》』天平勝宝元年（七四九）十二月二十七日の条に「去《い》にし辰年《たつのとし》河内国《かわちのくに》大県《おおあがた（の）》郡《こおり》の知識寺《ちしきじ》に坐《いま》す盧遮那仏《るしゃなほとけ》を礼《おろが》み奉《まつ》りて則《すなわ》ち朕《われ》も造り奉《まつ》らむと思ふ」という聖武天皇の詔《みことのり》がある。

「去にし辰年」は九年前の天平十二年（七四〇）である。聖武天皇は知識寺に祀られている毘盧遮那仏に多くの人が参拝するのを見て、自分もその仏像をつくろうと思った。そして天平十五年に「大仏造立《ぞうりゅう》の詔」が宣じられ、天平勝宝四年に奈良の東大寺で一万人の僧が列して大仏開眼供養の法会が営まれたのだった。

東大寺の大仏造立は国家の大事業だったが、それには行基《ぎょうき》（六六八〜七四九年）に率いられて多くの民衆が参加した。そのような民間の同信集団を「知識」という。それは今の講のようなもので、集団で写経した「知識経」が多く現存する。なかには一村あげて『大般若経』六百巻を書写した大規模な写経もあり、その願文に女や子どもも参加したことが記されている。

といっても、当時の民衆に字が書ける人はほとんどいない。僧を招いて写経してもらい、自分たちは墨をすったり、食事をととのえたりすることで、いわゆる仏と結縁《けちえん》したのだろう。

行基に率いられた民衆は、田畑の開墾、井戸や溜め池づくり、窮民を助ける布施屋の運営などを広く、功徳を積む仏事としておこなった。そのなかで、天皇の勅によって開始された大仏造立に、たとえ土塊《つちくれ》ひとつでも運んで加わることは大仏と結縁することであり、とりわけ大きな功徳のある仏事だと考えられたであろう。そして東大寺の毘盧遮那仏は人びとの上に燦然と輝いた。また、建立当初、その大仏殿の前には高さ七〇メートルを超す東塔・西塔二基の七重塔が建立され、毘盧遮那仏を荘厳したのだった。

三帰依文と懺悔文

『華厳経』は、『法華経』や浄土三部経にくらべれば馴染みのうすい経典である。しかし、多くの人が耳にしている言葉が、じつは『華厳経』から採られている。それは読経のときに唱えるのが習わしの「三帰依文《さんきえもん》」と「懺悔文《さんげもん》」である。

「三帰依文」は「浄行品」の偈のなかの語句である。

自帰依仏《じきえぶつ》　当願衆生《とうがんしゅじょう》　体解大道《たいげだいどう》　発無上意《ほつむじょうい》
自帰依法《じきえほう》　当願衆生《とうがんしゅじょう》　深入経蔵《じんじゅきょうぞう》　智慧如海《ちえにょかい》
自帰依僧《じきえそう》　当願衆生《とうがんしゅじょう》　統理大衆《とうりだいしゅ》　一切無礙《いっさいむげ》

（読み下し）

自《みずか》ら仏に帰依したてまつる。当《まさ》に願わくは衆生とともに大道を体解して無上意を発《おこ》さん。
自ら法に帰依したてまつる。当に願わくは衆生とともに深く経蔵に入りて智慧海の如くならん。
自ら僧に帰依したてまつる。当に願わくは衆生とともに大衆を統理して一切無礙ならん。

「懺悔文」は「四十華厳」の語句である。

我昔所造諸悪業《がしゃくしょぞうしょあくごう》　皆由無始貪瞋癡《かいゆうむしとんじんち》
従身口意之所生《じゅうしんくいししょしょう》　一切我今皆懺悔《いっさいがこんかいさんげ》

（読み下し）

我れ昔より造れる所の諸《もろもろ》の悪業は、皆《みな》無始の貪瞋癡《とんじんち》に由《よ》る。

身口意より生ずる所なり。一切を我れ今、みな懺悔したてまつる。

「三帰依文」と「懺悔文」は宗派によって語句が少し異なることもあるが、宗派を問わず日常の勤行でも唱える偈である。そこに『華厳経』が深く私たちの心に浸透していることを知ることができる。

◉参考文献

國民文庫刊行會編・発行『國譯大方廣佛華嚴經』(『國譯大藏經　經部第七巻』1917年

梶山雄一監修『さとりへの遍歴　華厳経入法界品』(上・下)中央公論社　1994年

木村清孝著『華厳経をよむ』NHK出版　1997年

木村清孝著『さとりへの道　華厳経に学ぶ』NHK出版　2014年

海音寺潮五郎著『人生遍路　華厳経』河出書房新社　2003年

中村元著『『華厳経』『楞伽経』』(現代語訳大乗仏典)東京書籍　2003年

原田霊道著『現代意訳 華厳経』書肆心水　2010年

【おわりに】心がつくる如来

心造諸如来を観じよ

『華厳経』の第十六「夜摩天宮菩薩説偈品」に「唯心偈《ゆいしんげ》」とよばれる偈がある。ちょうど百字の偈であることから「百字心経」ともいい、華厳宗の東大寺などで読誦・書写される経文である。

その末尾の「若人欲了知《にゃくにんよくりょうち》　三世一切仏《さんぜいっさいぶつ》　応当如是観《おうとうにょぜかん》　心造諸如来《しんぞうしょにょらい》」という四句は「破地獄偈《はじごくげ》」ともいわれる。死んだ人が地獄の門で地蔵菩薩から教えられ、閻魔大王の前で唱えて地獄の亡者たちを救ったという中国の故事があるからだ。

この四句を読み下せば「若《も》し人、三世一切の仏を了知せんと欲せば、応当《まさ》に是《かく》の如く観ずべし、心は諸《もろもろ》の如来を造ると」となる。

仏は人の心がつくったもので、その如来を観じよということである。「入法界品」でも万物は人が夢に見る幻のようなものだといい、仮に現れたものだと繰り返し説かれている。

それは万物が流転《るてん》し、固定した不変の実体はないという「空《くう》」の教えなのだが、「心造諸如来」という言葉は現代の私たちには別の意味で納得しやすい。仏も浄土も社会集団の共同幻想であり、心理的なイメージにすぎないと思えば不思議ではなく、仏の神力などなくていい。よく浄土教でいわれる「己心《こしん》の弥陀・唯心《ゆいしん》の浄土」も自己の心の中だけのことになる。諸経典が説く「大歓喜」も通俗の大脳生理学でいう快感物質や脳内麻薬の作用だと考えれば、とりあえず納得できよう。

もちろん、仏教は長い歴史と諸民族の文化・伝承のなかで培われた信仰であるから、大きく見れば共同幻想だと考えることができる。

しかし、その信仰を育んだのは、人間を超えた崇高なものへの思いである。また、太陽や星々の運行、天候・気象、作物の稔りなどの森羅万象《しんらばんしょう》に働いている大きな力への思いである。それを通俗の心理学や大脳生理学のような物質的な世界に閉じこめて霊典を貶《おとし》めてはならない。そんなことをすれば、「空」の瞑想で見つめられた諸仏の輝きの虚空《こくう》は、ただの「からっぽ」の空間になってしまう。

最後に日本の真言密教の祖＝空海の漢詩をあげて結びとしたい。

水月《すいげつ》の喩《ゆ》を詠《えい》ず（『性霊集《しょうりょうしゅう》』巻第十）

桂影団団《けいえいたんたん》として寥廓《りょうかく》に飛《と》び　月は円《まど》かに満ちて虚空に浮かび、
千河万器《せんがばんき》おのおの暉《ひかり》を分《わ》かつ　幾千の河、幾万の杯《さかづき》がそれぞれ月影を映す。
法身寂寂《ほうしんせきせき》として大空《だいくう》に住《じゅう》し　仏の真実身は広大な空《くう》の深奥《しんおう》に静まり、
諸趣《しょしゅ》の衆生《しゅじょう》は互《たが》いに入帰《にゅうき》す　輪廻の諸世界に生きる者も皆、その光を宿す。

水中《すいちゅう》の円鏡《えんきょう》は是《こ》れ偽物《ぎぶつ》にして
身上《しんじょう》の吾我《ごが》も亦復非《またひ》なり
如如不動《にょにょふどう》にして人《ひと》の為《ため》に説《と》き
兼《か》ねて如来大悲《にょらいだいひ》の衣《ころも》を著《き》よ

しかし、水に映る月影はどんなに美しくても偽物であり、個々の身体に宿る自我にもまた実体はない。平等一如の真実において揺るぎなく、世の人びとに法を説き、あわせて如来の大悲を衣とせよ。

詠水月喩　〔原文〕『弘法大師空海全集』筑摩書房より
桂影団団寥廓飛　千河万器各分暉　法身寂寂大空住　諸趣衆生互入帰
水中円鏡是偽物　身上吾我亦復非　如如不動為人説　兼著如来大悲衣

本書は春秋社より上梓していただいた三冊目の著書である。前著の『法華経の事典』『浄土三部経と地獄・極楽の事典』とともに、神田明会長、澤畑吉和社長、編集部の佐藤清靖・桑村正純の両氏をはじめ、ご教示・ご協力いただいた多くの方に感謝いたします。

二〇一四年　夏

大角　修

【著者紹介】
大角　修（おおかど おさむ）
1949年、兵庫県生まれ。東北大学文学部（宗教学宗教史専攻）卒。宗教研究家、地人館代表。著書は『浄土三部経と地獄・極楽の事典』『法華経の事典』（共に春秋社）、『日本史年表』（朝日新聞出版）、『仏教百人一首　万葉の歌人から宮沢賢治まで』（法藏館）、『天皇家のお葬式』（講談社現代新書）、『全文現代語訳　維摩経・勝鬘経』『全品現代語訳　大日経・金剛頂経』（角川ソフィア文庫）、『日本仏教の基本経典』（角川選書）など多数。

善財童子の旅　〔現代語訳〕華厳経「入法界品」

2014年6月27日　第1刷発行
2023年2月20日　第5刷発行

著　　者　大角　修
発 行 者　神田　明
発 行 所　株式会社 春秋社
〒101-0021　東京都千代田区外神田2-18-6
電話　03-3255-9611（営業）
03-3255-9614（編集）
振替　00180-6-24861
https://www.shunjusha.co.jp/
装 幀 者　伊藤滋章
印刷・製本　萩原印刷株式会社

ISBN978-4-393-13578-5　定価はカバー等に表示してあります